Descobrir Jogos Online Grátis

Disponível Aqui:

**BestActivityBooks.com/FREEGAMES**

# 5 DICAS PARA COMEÇAR

## 1) CÓMO RESOLVER LAS SOPA DE LETRAS

Os puzzles têm um formato clássico:

- As palavras estão escondidas sem espaços ou hífenes,...
- Orientação: As palavras podem ser escritas para a frente, para trás, para cima, para baixo ou na diagonal (podem ser invertidas).
- As palavras podem sobrepor-se ou intersectar-se.

## 2) APRENDIZAGEM ACTIVA

Ao lado de cada palavra há um espaço para anotar a tradução. Para encorajar a aprendizagem activa, um **DICIONÁRIO** no final desta edição permitir-lhe-á verificar e expandir os seus conhecimentos. Procure e anote as traduções, encontre-as no puzzle e adicione-as ao seu vocabulário!

## 3) MARCAR AS PALAVRAS

Pode inventar o seu próprio sistema de marcação - talvez já use um? Pode também, por exemplo, marcar palavras difíceis de encontrar com uma cruz, palavras favoritas com uma estrela, palavras novas com um triângulo, palavras raras com um diamante, e assim por diante.

## 4) ESTRUTURANDO A APRENDIZAGEM

Esta edição oferece um **CADERNO DE NOTAS** prático no final do livro. Nas férias, em viagem ou em casa, pode facilmente organizar os seus novos conhecimentos sem a necessidade de um segundo caderno!

## 5) JÁ TERMINOU TODAS AS GRELHAS?

Nas últimas páginas deste livro, na secção **DESAFIO FINAL**, encontrará um jogo gratuito!

**Rápido e fácil!** Consulte a nossa colecção de livros de actividades para o seu próximo momento de diversão e **aprendizagem**, a apenas um clique de distância!

Encontre o seu próximo desafio em:

BestActivityBooks.com/MeuProximoLivro

# Aos vossos lugares, preparem-se...Vão!

Sabia que existem cerca de 7.000 línguas diferentes no mundo? As palavras são preciosas.

Adoramos línguas e temos trabalhado arduamente para criar livros da mais alta qualidade para si. Os nossos ingredientes?

Uma selecção de tópicos adequados à aprendizagem, três boas porções de entretenimento, e depois acrescentamos uma colherada de palavras difíceis e uma pitada de palavras raras. Servimo-los com amor e máximo divertimento, para que possa resolver os melhores jogos de palavras e se divirta a aprender!

-------

A sua opinião é essencial. Pode participar activamente no sucesso deste livro, deixando-nos um comentário. Gostaríamos de saber o que mais lhe agradou nesta edição.

Aqui está um link rápido para a sua página de encomendas:

## BestBooksActivity.com/Avaliacoes50

Obrigado pela vossa ajuda e divirtam-se!

*A Equipa Inteira*

# 1 - Dirigindo

```
T E I T V Y G S K H T A R K J
O N N E T T O M U U S U M A Q
E I M K A A S U Z T R T Z R M
P A O Q J M E W W B I O S T Q
O O O N A G D W E S O O Q T Q
L T T I L L A T O T U A R A I
I T T S A Z N D F U F G R A H
I L O S N N A Z U R B O I N V
S O R N K S G M J R C A W Y V
I P I E U N O W I A O P O T A
E F P S L K A T U J S D K M A
G I Y I K L I I K E N N E V R
P U Ö L I P K U L J E T U S A
O S R S J M O O T T O R I H J
A T Ä D A T U N N E L I F M J
```

| | |
|---|---|
| ONNETTOMUUS | MOOTTORIPYÖRÄ |
| AUTO | MOOTTORI |
| POLTTOAINE | JALANKULKIJA |
| VAROITUS | VAARA |
| TIE | POLIISI |
| JARRUT | KATU |
| AUTOTALLI | KULJETUS |
| KAASU | LIIKENNE |
| LISENSSI | TUNNELI |
| KARTTA | |

# 2 - Antiguidades

```
K  S  U  T  I  O  J  I  S  L  A  A  T  U  Z
V  O  S  J  Y  V  U  O  S  I  S  A  T  A  A
E  A  R  S  N  Y  K  O  L  I  K  O  T  U  R
I  G  U  I  T  I  L  W  I  U  Q  G  G  V  V
S  T  K  B  S  R  Q  I  D  B  K  K  D  Z  O
T  T  Y  C  K  T  G  A  L  L  E  R  I  A  I
O  W  M  N  T  I  E  T  Y  Y  L  I  K  Ä  S
S  H  U  O  N  E  K  A  L  U  S  C  Z  D  E
T  A  I  D  E  K  E  J  D  E  R  W  M  D  R
A  A  T  J  E  L  M  R  M  F  O  Z  E  U  Ä
H  G  F  L  T  H  J  M  P  K  T  R  M  Z  D
N  I  L  G  E  N  T  I  S  Ö  I  N  T  I  Z
A  H  N  E  N  I  L  L  A  V  A  T  Ä  P  E
V  Q  C  T  H  U  U  T  O  K  A  U  P  P  A
Q  J  W  O  A  J  A  T  S  A  R  R  A  H  G
```

| | |
|---|---|
| TAIDE | ERÄ |
| AITO | HUUTOKAUPPA |
| KORISTE | HUONEKALU |
| TYYLIKÄS | KOLIKOT |
| HARRASTAJA | HINTA |
| VEISTOS | LAATU |
| TYYLI | ENTISÖINTI |
| GALLERIA | VUOSISATA |
| EPÄTAVALLINEN | ARVO |
| SIJOITUS | VANHA |

# 3 - Churrascos

```
B  K  P  V  C  K  I  O  W  V  B  B  S  V  M
I  L  U  N  B  Z  Q  U  A  H  L  O  A  I  U
V  N  O  T  E  S  P  A  L  L  C  C  L  H  S
K  E  C  Y  S  K  A  S  T  I  K  E  A  A  I
U  N  I  D  T  U  O  K  G  S  L  D  A  N  I
U  I  P  T  S  T  I  T  A  A  M  O  T  N  K
M  L  J  L  S  L  C  B  H  N  L  T  I  E  K
A  L  Ä  M  L  E  D  E  H  W  A  A  T  S  I
L  A  K  P  B  P  T  L  O  U  N  A  S  K  K
O  L  L  E  Y  I  G  A  U  Y  Z  Y  Y  E  A
U  L  Ä  R  W  P  R  T  M  J  K  A  R  S  Y
S  I  N  H  E  P  I  L  T  R  R  G  I  Ä  O
U  K  F  E  K  U  L  V  S  P  T  R  P  O  F
P  E  L  I  T  R  L  R  U  U  J  T  O  U  J
R  D  Z  L  A  I  I  J  L  K  A  P  Z  G  I
```

| | |
|---|---|
| LOUNAS | PELIT |
| KUTSU | VIHANNES |
| LAPSET | KASTIKE |
| VEITSET | MUSIIKKI |
| PERHE | PIPPURI |
| NÄLKÄ | KUUMA |
| KANA | SUOLA |
| HEDELMÄ | SALAATIT |
| GRILLI | TOMAATIT |
| ILLALLINEN | KESÄ |

# 4 - Pesca

```
O V E A T M S A P K O K K I M
L V N D C Å F Y J A T N A R I
A E E N E V L E J M I V R Ä J
I V L R C C I M K K R N U A Z
T Ä L F D C G T O G O A O P Y
T T E J Y R P S Q D K N A I T
E K J Z W T I S E V I O E B D
E N G M B G K V Q S G G P P G
T C J I K T O V E T T E H I P
K O U K K U J M I L I O T E I
V A L T A M E R I G S T D P T
Z D F L C N I S G J U E M Q T
C H F W A W Q J E Q A O Q H Ö
E T O Y G H S L E U K A U Q Y
E L E P F N W W Y M P M O V S
```

| | |
|---|---|
| VESI | SYÖTTI |
| EVÄT | JÄRVI |
| VENE | LEUKA |
| GJELLENE | VALTAMERI |
| KORI | TÅLMODIGHET |
| KOKKI | PAINO |
| LAITTEET | RANTA |
| OVERDRIVELSE | JOKI |
| KOUKKU | KAUSI |

# 5 - Geologia

```
J E S Y T S I R Ä J N A A M K
O L A T S Y R C R D C J W U V
U Q V P A V A L J C B A Q I A
S U O L A L Y V U K O B E S R
R I H Q I S A I V O M W R L T
J K A T M W T G M V L S O A S
R T P K V S Z A M Y W A O K I
U V P A B J A I L I I S S O F
D T O N A C L O V A I V I K B
K O R A L L I O Q S C T O Q V
V Y Ö H Y K E U M O K T I F Y
M I N E R A A L I N M I I T C
D K E R R O S G U A D R A T V
Q S C S K T V U C A K I H H E
T A S A N K O T G M J N S O J
```

| | |
|---|---|
| HAPPO | FOSSIILI |
| KERROS | LAVA |
| LUOLA | MINERAALI |
| KALSIUM | KIVI |
| MAANOSA | TASANKO |
| KORALLI | KVARTSI |
| CRYSTAL | SUOLA |
| EROOSIO | MAANJÄRISTYS |
| STALACTITE | VOLCANO |
| STALAGMIITIT | VYÖHYKE |

# 6 - Tempo

```
D  C  J  G  T  A  V  J  G  H  V  F  V  P  L
P  I  F  W  Ä  V  I  Ä  P  O  K  K  I  I  V
B  S  T  I  N  H  E  T  K  I  Y  U  I  B  F
H  U  Y  S  Ä  K  E  L  L  O  F  Ö  M  C  O
P  A  C  Y  Ä  V  I  Ä  P  I  K  S  E  K  E
Q  K  W  C  N  E  L  I  E  H  A  L  H  K  I
V  U  O  S  I  K  Y  M  M  E  N  B  R  U  P
L  U  N  S  W  W  J  G  F  M  J  Z  U  M  B
T  K  K  A  F  T  N  K  B  E  P  U  O  M  Y
S  U  U  S  I  A  V  E  L  U  T  A  K  Y  S
N  M  N  Q  K  O  E  W  N  H  D  I  K  E  K
Y  A  L  N  J  I  G  M  I  N  U  U  T  T  I
T  A  O  O  I  S  O  U  V  B  E  C  M  P  D
O  F  J  P  L  N  V  U  O  S  I  S  A  T  A
V  B  A  H  W  I  K  A  L  E  N  T  E  R  I
```

| | |
|---|---|
| NYT | KESKIPÄIVÄ |
| VUOSI | KUUKAUSI |
| ENNEN | MINUUTTI |
| KALENTERI | HETKI |
| VUOSIKYMMEN | YÖ |
| PÄIVÄ | EILEN |
| TULEVAISUUS | VIIME |
| TÄNÄÄN | KELLO |
| TUNNIN | VIIKKO |
| AAMU | VUOSISATA |

# 7 - Astronomia

```
T N E N I L L A A V I A T S S
K Ä P L A N E E T T A S L U Ä
O I H E W Y P B L D D T J P T
S N E D U G L Y P O T R K E E
M S A V I A T A A C W O U R I
O M H M P S A D I D P N U N L
S J A F Y K T B N D I A Q O Y
K G P A R O J Ö O Y M U P V M
J E V N D Ø G N V I E T D A O
R E J D R K U Z O H N T E P H
R A K E T T I R I S N I O D W
O R K H H Q A K M L Y S Q G S
A U R I N K O U A S S O U S N
M E T E O R I S K A L A G M P
A S T E R O I D I P T O A T U
```

| | |
|---|---|
| ASTEROIDI | PAINOVOIMA |
| ASTRONAUTTI | KUU |
| TAIVAALLINEN | METEORI |
| TAIVAS | SUMU |
| TÄHDISTÖ | PLANEETTA |
| KOSMOS | SÄTEILY |
| PIMENNYS | AURINKO |
| JEVNDØGN | SUPERNOVA |
| RAKETTI | MAA |
| GALAKSI | |

# 8 - Acampamento

```
R  K  T  C  K  C  B  E  K  R  M  A  Z  Y  V
Z  I  Y  C  F  U  L  L  A  F  E  N  L  A  U
P  V  I  L  Y  M  U  Ä  N  I  T  T  U  Y  K
U  R  R  P  U  D  I  I  O  J  S  A  O  K  A
U  Ä  O  N  P  H  Z  M  O  N  Ä  A  N  Z  F
L  J  U  L  R  U  O  E  T  E  S  P  T  A  M
I  A  V  Ä  O  T  M  T  T  N  T  O  O  I  E
A  J  I  S  L  T  E  A  I  I  Y  T  C  K  I
K  B  K  T  Z  A  O  T  T  E  S  K  K  A  B
K  B  K  E  T  H  J  T  C  T  N  U  Ö  R  Y
I  U  Ö  M  U  E  V  L  Y  N  O  T  Y  T  L
E  S  M  V  P  A  E  E  B  Ö  G  T  S  T  Q
S  K  N  E  R  U  T  T  H  Y  F  F  I  A  A
K  O  M  P  A  S  S  I  V  H  Q  O  V  M  E
Z  O  U  U  J  F  R  Y  E  R  L  W  L  G  U
```

| | |
|---|---|
| ELÄIMET | METSÄ |
| SEIKKAILU | ANTAA POTKUT |
| PUU | HYÖNTEINEN |
| KOMPASSI | JÄRVI |
| MÖKKI | KUU |
| METSÄSTYS | RIIPPUMATTO |
| KANOOTTI | KARTTA |
| HATTU | VUORI |
| KÖYSI | LUONTO |
| LAITTEET | TELTTA |

# 9 - Emoções

```
V  H  P  W  S  U  A  K  K  A  R  D  O  H  T
S  K  B  G  Y  Ö  H  Y  R  I  A  E  N  M  Y
C  D  V  Z  Y  T  U  D  E  D  A  C  N  K  C
U  F  O  F  L  L  A  O  A  O  T  S  E  T  H
L  Q  Y  S  L  Ä  R  T  I  T  T  C  N  M  O
B  G  J  I  E  S  D  K  L  S  U  F  I  Y  K
P  Y  Z  L  H  I  Z  Z  O  A  T  V  L  Ö  L
I  N  N  O  I  S  S  A  A  N  U  H  L  T  E
R  A  U  H  A  L  L  I  S  U  U  S  O  Ä  P
S  U  U  S  I  L  L  U  R  U  S  K  T  T  E
N  E  N  I  M  Y  T  S  Y  V  Ä  K  I  U  Y
R  A  U  H  A  L  L  I  N  E  N  P  I  N  W
A  U  T  U  U  S  C  R  K  S  V  L  K  T  Y
L  A  T  Y  Y  T  Y  V  Ä  I  N  E  N  O  V
Y  S  T  Ä  V  Ä  L  L  I  S  Y  Y  S  Z  V
```

ILO
RAKKAUS
INNOISSAAN
AUTUUS
YSTÄVÄLLISYYS
RAUHALLINEN
SISÄLTÖ
KIITOLLINEN
PELKO

RAUHA
SUUTUTTAA
RENTO
TYYTYVÄINEN
MYÖTÄTUNTO
HELLYYS
IKÄVYSTYMINEN
RAUHALLISUUS
SURULLISUUS

# 10 - Ficção Científica

```
P A K A U K A I N E N T U R F
F L N R R Z Q V A J A E T E A
U O A T Ä L D M B U Y K O A N
T R V N A J V P E B N N P L T
U A U E E A Ä N S W N O I I A
R A K N L E P H M M W L A S S
I K O I H D T O D H U O A T T
S K L Ä C O R T T Y N G G I I
T E E M P F U T A K S I A N N
I L A M L I A A M A U A L E E
N I A I T T O B O R G T A N N
E Z S R K I R J A T T Z K A B
N W H Ä O I R A A N E K S J Q
R B I Ä I L L U U S I O I P G
S A L A P E R Ä I N E N F G C
```

SKENAARIO
ELOKUVA
KAUKAINEN
RÄJÄHDYS
ÄÄRIMMÄINEN
FANTASTINEN
ANTAA POTKUT
FUTURISTINEN
GALAKSI
ILLUUSIO

KIRJAT
SALAPERÄINEN
MAAILMA
ORAAKKELI
PLANEETTA
REALISTINEN
ROBOTTI
TEKNOLOGIA
UTOPIA

# 11 - Mitologia

```
L  A  B  Y  R  I  N  T  T  I  P  K  B  W  O
D  R  U  Q  K  F  I  R  U  U  T  T  L  U  K
C  K  O  S  T  O  W  P  L  K  K  C  M  I  S
S  G  S  D  R  M  A  S  S  E  K  B  W  T  I
F  I  R  U  T  O  S  O  D  J  G  O  G  G  R
K  U  O  L  E  V  A  I  N  E  N  E  N  Q  A
O  V  A  T  S  H  V  M  C  Y  C  A  N  E  K
L  A  R  N  K  S  I  D  N  A  A  M  J  D  N
E  H  K  N  U  K  A  R  J  K  S  A  D  H  A
N  V  E  G  M  B  T  F  V  A  W  L  J  T  S
T  U  T  G  O  Q  N  E  N  I  G  A  A  M  N
O  U  Y  N  K  R  O  Z  M  I  Ö  S  K  C  H
C  S  P  S  S  K  A  T  A  S  T  R  O  F  I
Z  K  E  O  U  L  U  O  M  I  N  E  N  P  G
K  A  T  E  U  S  Z  D  U  Q  H  N  I  Y  T
```

| | |
|---|---|
| ARKETYPE | SANKARI |
| TAIVAS | LABYRINTTI |
| KATEUS | LEGENDA |
| USKOMUKSET | MAAGINEN |
| LUOMINEN | HIRVIÖ |
| OLENTO | KUOLEVAINEN |
| KULTTUURI | SALAMA |
| KATASTROFI | UKKONEN |
| VAHVUUS | KOSTO |
| SOTURI | |

# 12 - Medições

```
A N U C V Z C F K A R T I L C
L S Y Y V Y S D I K M J I H D
U Y T D N Q N N L O I M L V Z
T N U E R M D Y O R T Z A I I
U Y S Y E V E L M K T P A R T
U T D S A J G L E E A I M T G
M F S I I N N O T U R T I E T
A G I A R A S U R S I U S M I
P A I N O U C U I I T U E I L
K I L O G R A M M A T S D T A
T W G F F S S M M B U N K T V
D S S T D I S E J G U N K N U
E I F A K Y A N C L N M I E U
H V U V T O M E E O I F E S S
Y B Z U Q K Y Z V E M N D Z E
```

KORKEUS           MITTARI
TAVU              MINUUTTI
SENTTIMETRI       UNSSI
PITUUS            PAINO
DESIMAALI         TUUMA
GRAMMA            SYVYYS
ASTE              KILOGRAMMA
LEVEYS            KILOMETRI
LITRA             TONNI
MASSA             TILAVUUS

# 13 - Álgebra

```
Y  H  T  Ä  L  Ö  F  E  M  J  A  K  O  M  O
N  G  T  G  O  F  V  G  A  K  A  A  V  A  W
O  T  O  G  W  C  G  B  T  M  Y  E  K  J  V
L  O  N  G  E  L  M  A  R  U  P  K  A  T  Ä
L  N  O  J  O  R  Q  F  I  U  A  S  A  E  Ä
A  P  I  Q  A  D  D  A  I  T  R  P  V  K  R
S  U  M  M  A  E  I  V  S  T  E  O  I  I  Ä
V  Ä  H  E  N  N  Y  S  I  U  N  N  O  J  Ä
R  A  T  K  A  I  S  U  Y  J  T  E  R  Ä  Ä
W  W  R  T  Y  S  M  F  C  A  E  N  E  R  R
M  D  J  P  Y  E  E  P  B  N  S  T  M  Ä  E
L  I  N  E  A  A  R  I  N  E  N  T  U  Ä  T
H  K  O  L  K  N  T  Q  J  D  U  I  N  M  Ö
Y  Z  S  H  T  G  J  B  T  G  T  A  F  P  N
A  W  T  K  L  P  E  R  W  J  P  J  G  O  F
```

| | |
|---|---|
| KAAVIO | MATRIISI |
| JAKO | NUMERO |
| YHTÄLÖ | PARENTES |
| EKSPONENTTI | ONGELMA |
| VÄÄRÄ | MÄÄRÄ |
| TEKIJÄ | RATKAISU |
| KAAVA | SUMMA |
| JAE | VÄHENNYS |
| ÄÄRETÖN | MUUTTUJA |
| LINEAARINEN | NOLLA |

# 14 - Plantas

```
Y  Z  B  B  P  R  P  F  K  L  O  P  I  M  W
R  K  A  S  V  I  S  T  O  A  E  Z  A  B  D
T  F  B  R  U  O  H  O  K  N  K  V  K  P  V
T  O  Q  S  E  I  Z  Y  A  N  F  E  K  M  U
I  R  U  U  J  K  E  V  S  O  G  T  U  A  M
S  P  J  K  I  A  S  I  V  I  B  B  K  S  T
F  G  S  C  K  K  Y  P  I  T  S  J  F  A  E
P  U  S  K  A  T  Ä  S  T  E  M  J  K  K  R
B  A  M  B  U  U  P  I  I  L  I  H  Q  D  Ä
E  I  Z  S  L  S  P  N  E  I  T  H  E  L  L
M  R  V  I  K  V  J  B  D  H  T  S  O  A  E
A  K  C  M  D  Y  A  F  E  M  A  E  Z  M  H
R  P  U  U  T  A  R  H  A  H  R  Z  R  M  T
J  P  S  Z  M  T  G  R  Z  B  U  Q  Q  A  I
A  Z  N  A  M  G  W  R  A  J  M  G  Y  S  P
```

| | |
|---|---|
| PUSKA | KASVISTO |
| PUU | METSÄ |
| MARJA | LEHTIEN |
| BAMBU | RUOHO |
| KASVITIEDE | MURATTI |
| KAKTUS | PUUTARHA |
| YRTTI | SAMMAL |
| PAPU | TERÄLEHTI |
| LANNOITE | JUURI |
| KUKKA | |

# 15 - Veículos

```
T R A K T O R I P P A S S V H
S L D B O Q I L R C M C U W E
K T Q G U M H I K T B O K A L
V Z T E N S B S N S U O E U I
J D A S Q R O S R A L T L T K
Ä S A S U K K U L A A E L O O
R A K E T T I B E D N R U R P
Ö T N N K G R R N T S Y S T T
Y T E E E U S E O H S O V E E
P U R V W O K D K T I N E M R
U A T A K S I A O W T W N P I
K L I B E R A V T T H O E M L
L C P F L D D N W W Q O V M
O I E P W Q B R E Z B J Y M A
P R I S L O M O L F O Q R O H
```

AMBULANSSI
LENTOKONE
LAUTTA
VENE
POLKUPYÖRÄ
KUKA
AUTO
RAKETTI
VAREBIL
HELIKOPTERI

SCOOTER
METRO
MOOTTORI
BUSSI
RENKAAT
SUKELLUSVENE
TAKSI
SUKKULA
TRAKTORI

# 16 - Engenharia

```
R A K E N T A M I N E N U W W
N W P W B A F N D P I U P N L
W T V P R O P U L S I O N U D
L R A D Y O O R Y U Y K O N E
M E K M V A H V U U S V A E H
S U A T T I M K A A V I O N A
R Z U W A G S O G M L S P I L
M A S C T R A E J N J N P M K
N O K Q I E J A K E L U N E A
E K O E M N S A K S E L I K I
S I G T N E D Y N L Z D D S S
T T M S T N O N V H V F Q A I
E K Y T R O E I P Y L T Z L J
E A R F H U R V B V Y J R W A
M K U L M A R I Y L E S E I D
```

KITKA
KULMA
LASKEMINEN
RAKENTAMINEN
KAAVIO
HALKAISIJA
DIESEL
MITAT
JAKELU
AKSELI

ENERGIA
VAKAUS
RAKENNE
VAHVUUS
NESTE
KONE
MITTAUS
MOOTTORI
SYVYYS
PROPULSIO

# 17 - Restaurante # 2

```
T F K F V V J Q N Z R T I R K
E A Q U E O I H E D E L M Ä A
E H R I S S N H A N P A C R L
T A V J I S Ä U A L O U S F A
S A N N O W Ä N U N Z I H U L
U R F J T I J I H D N A Z O A
A U G K B L L Z R U E E V G P
M K F V C O R I A K S L S M U
A K K I S U L T J K U G I J K
C A O B Q T Q C M A P J T T L
S A L A A T T I F K P U K B A
L O U N A S N O E L E O W K M
H E R K U L L I N E N M Z O D
I L L A L L I N E N U A G Y J
I Y U U E R F V N F L R Z I I
```

LOUNAS                  TARJOILIJA
ALKUPALA                HAARUKKA
VESI                    JÄÄN
JUOMA                   ILLALLINEN
KAKKU                   VIHANNES
TUOLI                   NUUDELIT
LUSIKKA                 KALA
HERKULLINEN             SUOLA
MAUSTEET                SALAATTI
HEDELMÄ                 SUPPE

# 18 - Países #2

```
R I L A O S Z Z N C T V C I P
M V R W P M T N I K R E P O J
H E P L A B S K G T Q B Y K D
T N A A A J V O A L B A N I A
A Ä K P I N A W M Z D O B S K
N J I E R N T P N A S H O K I
S Ä S N Y I L I A D L R T E A
K H T U Y G I E K N O I H M M
A A A K S E B U K A I W A K A
K I N R G R A O I G I M G L J
S T C A H I N E E U J Y R P G
N I L I K A O R R K A C M P N
A Z D N C E N U K F D D Y I L
R E U A H K L G R E G G J A B
M E O I N D O N E S I A L P E
```

ALBANIA          LIBANON
TANSKA           MEKSIKO
RANSKA           NEPAL
KREIKKA          NIGERIA
HAITI            PAKISTAN
INDONESIA        VENÄJÄ
IRLANTI          SYYRIA
JAMAIKA          SOMALIA
JAPANI           UKRAINA
LAOS             UGANDA

# 19 - Cozinha

```
L K A H K K R E S E P T I V U
G R I L L I E H T V M M O E L
S J W J K B R R E L F A G I W
L A U T A S L I I N A U G T I
A B S T C V V F J E L S H S L
O M B Y Y F L T I F I T M E U
J A P J Ö R D R S E T E E T S
M Ä F G U M T M R L T E S I I
G D Ä G Z N Ä N U D A T I P K
K Ö I K K R U P U K K V L U A
A Y E I A A O F U U D K I K T
N S I N H A Z Z W I N E I S L
N S O W U E P D U G K I N E M
U U C A A A Y P N H Q O A U L
R W P G K P K P I I Q S T F C
```

| | |
|---|---|
| ESILIINA | UUNI |
| KATTILA | GAFLER |
| LUSIKAT | JÄÄKAAPPI |
| SYÖDÄ | GRILLI |
| KAUHA | LAUTASLIINA |
| KUPIT | PURKKI |
| MAUSTEET | KANNU |
| SIENI | SYÖMÄPUIKOT |
| VEITSET | RESEPTI |

# 20 - Material de Arte

```
K  N  G  U  R  O  A  V  Q  S  F  T  W  T  P
F  O  R  C  O  J  S  Ä  T  Y  Ö  P  J  K  U
H  Z  I  O  G  V  N  R  L  U  O  V  U  U  S
E  F  L  B  E  L  K  I  V  A  S  J  F  A  F
K  P  Z  W  K  J  F  M  R  W  B  W  H  J  T
L  A  L  H  S  F  D  U  W  E  T  U  O  L  I
S  I  M  W  M  U  O  K  U  U  P  T  I  M  L
R  S  I  E  E  R  O  E  K  C  U  A  D  U  A
L  R  H  M  R  C  O  H  P  M  L  J  P  S  A
K  Y  N  Ä  A  A  L  Y  J  L  Ö  R  V  T  M
A  K  R  Y  Y  L  I  Y  S  C  W  A  C  E  L
J  E  V  G  Z  I  N  P  A  C  G  H  C  E  P
V  G  E  N  I  L  E  T  S  U  A  L  A  A  M
J  P  S  U  W  Z  Q  G  O  Y  V  H  Q  O  V
I  T  I  L  L  E  R  A  V  K  A  I  J  S  P
```

| | |
|---|---|
| AKRYYLI | VÄRI |
| PYYHEKUMI | LUOVUUS |
| AKVARELLIT | HARJAT |
| SAVI | KYNÄ |
| VESI | PÖYTÄ |
| TUOLI | ÖLJY |
| MAALAUSTELINE | PAPERI |
| KAMERA | MUSTE |
| LIIMA | MAALIT |

# 21 - Números

```
I  C  R  F  T  K  Q  Q  I  S  U  U  K  Y  S
A  P  A  U  V  N  J  E  T  Z  L  E  O  H  E
N  M  O  R  G  E  A  W  B  O  Q  W  L  D  I
A  N  Y  D  E  S  I  M  A  A  L  I  M  E  T
K  A  K  S  I  T  O  I  S  T  A  S  E  K  S
K  S  N  N  D  F  K  S  P  V  Q  K  T  S  E
I  K  O  B  P  M  F  A  L  L  B  Y  O  Ä  M
I  E  L  E  Y  R  G  E  K  E  V  S  I  N  Ä
T  D  L  W  N  E  L  J  Ä  S  N  Q  S  V  N
A  H  A  U  N  O  N  I  S  I  I  V  T  M  G
M  A  T  S  I  O  T  I  S  U  U  K  A  P  W
E  K  N  E  L  J  Ä  T  O  I  S  T  A  G  R
T  V  I  I  S  I  T  O  I  S  T  A  O  J  Y
A  K  A  K  S  I  K  Y  M  M  E  N  T  Ä  K
M  N  E  N  E  M  M  Y  K  O  L  M  E  L  H
```

| | |
|---|---|
| VIISI | NELJÄ |
| DESIMAALI | VIISITOISTA |
| KYMMENEN | KUUSI |
| KUUSITOISTA | SEITSEMÄN |
| KAKSI | KOLMETOISTA |
| KAKSITOISTA | KOLME |
| MATEMATIIKKA | YKSI |
| YHDEKSÄN | KAKSIKYMMENTÄ |
| KAHDEKSAN | NOLLA |
| NELJÄTOISTA | |

# 22 - Física

```
S M N E N A K K U I H N P P B
Z U A T Z J A A S U U J A A T
H Z H G K U A T S N Y V I O M
K T C T N A V O J O D A N P Y
M F F T E E A M D P I O O K A
K A A O S E T I F E N M V M C
T P M L I H L I N U A A O E K
M I K A A S U L S S G S I K I
O Y H N R J A Y I M Z S M A I
O L G E V C Z Y F S I A A N H
T E J Z Y P W K Z U U U O I D
T I N Z I S U E V M B U P I Y
O S A W L C K L O Q V T S K T
R T F F W W R O V V M L G K Y
I Ä Z W K C W M R L Q G C A S
```

| | |
|---|---|
| KIIHDYTYS | MASSA |
| ATOMI | MEKANIIKKA |
| KAAOS | MOLEKYYLI |
| TIHEYS | MOOTTORI |
| KAAVA | YDIN |
| TAAJUUS | HIUKKANEN |
| KAASU | SUHTEELLISUUS |
| PAINOVOIMA | YLEISTÄ |
| MAGNETISMI | NOPEUS |

# 23 - Especiarias

```
I  A  H  F  E  N  K  O  L  I  N  J  E  H  P
N  H  Y  A  U  V  G  K  D  N  V  A  C  V  I
K  D  A  L  P  R  C  I  U  W  S  M  L  R  P
I  K  J  O  D  A  E  K  A  M  V  N  A  H  P
V  V  I  U  U  A  N  Q  D  E  I  A  L  K  U
Ä  A  R  S  H  J  U  O  U  V  V  N  S  A  R
Ä  M  E  K  G  L  K  A  N  E  L  I  A  T  I
R  M  T  U  Y  I  L  U  P  I  S  P  K  K  L
I  U  N  K  E  N  H  P  H  D  J  N  C  E  F
I  M  A  R  H  A  S  E  T  S  U  A  M  R  J
T  E  I  M  S  V  I  I  S  T  I  R  K  A  L
V  D  R  T  L  C  N  C  U  R  R  Y  D  P  T
J  R  O  L  V  J  A  W  H  I  W  O  A  R  I
U  A  K  F  C  F  G  G  T  S  M  A  K  U  T
G  K  F  D  V  A  L  K  O  S  I  P  U  L  I
```

| | |
|---|---|
| MAUSTESAHRAMI | SIPULI |
| LAKRITSI | KORIANTERI |
| VALKOSIPULI | KUMINA |
| KATKERA | KYNSI |
| ANIS | MAKEA |
| HAPAN | FENKOLI |
| VANILJA | INKIVÄÄRI |
| KANELI | PIPPURI |
| KARDEMUMMA | MAKU |
| CURRY | SUOLA |

# 24 - Países #1

```
S L Z N I P O K K O R A M E P
N E H Q N U C A M A N A P C I
I M N U N O R M I O Z S O U K
C A C E S L I B M L D K F A L
A L H S G A Q O O E I A P D T
R I E O R A R D U A D S L O R
A T G U W I Ž S R O K A R I
G P Z P P T Y A Y S O Z J R M
U Y H R F N F J K I A U R B B
A G P S S I G K Q B T A O U M
R E Z U L E R A U A D A N A K
V E N E Z U E L A F R I L J L
H J U L U C U I S W H T I I K
Y E S P A N J A S P S R I W A
E A T J E G U D K N H E W Z R
```

SAKSA
BRASILIA
KAMBODŽA
KANADA
EGYPTI
ECUADOR
ESPANJA
SUOMI
IRAK
ISRAEL

ITALIA
INTIA
MALI
MAROKKO
NICARAGUA
NORJA
PANAMA
PUOLA
SENEGAL
VENEZUELA

# 25 - A Mídia

```
W  G  O  I  K  U  V  A  T  C  P  G  P  S  K
J  Ä  T  N  I  T  S  E  I  V  A  J  A  A  A
F  T  N  D  E  Y  V  Y  K  Q  I  L  I  N  U
U  W  U  U  E  N  K  E  O  K  N  M  K  O  P
W  U  S  S  A  P  I  S  R  G  O  K  A  M  A
E  U  U  T  T  T  W  L  I  K  S  G  L  A  L
K  E  A  R  K  E  T  Q  L  L  K  S  L  L  L
B  S  L  I  G  T  E  H  F  Y  Ö  O  I  E  I
J  U  L  K  I  N  E  N  A  Y  L  Y  N  H  N
E  T  D  Z  P  L  T  M  K  I  O  Ä  E  T  E
O  I  L  H  K  L  N  H  T  T  J  Z  N  I  N
C  O  I  D  A  R  E  F  A  B  I  K  T  S  A
N  H  Q  Z  P  O  S  U  T  U  L  U  O  K  M
C  A  Z  V  Z  L  A  V  I  O  J  W  Z  C  B
B  R  Q  J  V  E  R  K  O  S  S  A  G  S  Z
```

| | |
|---|---|
| ASENTEET | INDUSTRI |
| KAUPALLINEN | ÄLYLLINEN |
| VIESTINTÄ | SANOMALEHTI |
| PAINOS | PAIKALLINEN |
| KOULUTUS | VERKOSSA |
| FAKTA | LAUSUNTO |
| RAHOITUS | JULKINEN |
| KUVAT | RADIO |
| YKSILÖ | VERKKO |

# 26 - Casa

```
S Z B B Q Z D C Ä G R A C K U
R E A J N H U O N E L Y D B W
H A N A H S C R I S K T H Ö O
Z U U E K R T F E L Q W Z I T
P T P L Q I N B S H K A U T S
U O H P L B B L B G D N B T A
U T U P I A K K A T M U J I J
T A O E V I K S M N Ø K L E R
A L N I O E P K U H P K D K I
R L E L T W E U O I L I G W K
H I K I T C Q E V K H A I T A
A C A N A U F B H A B K J Z T
J J L D M U E Z L H S L U G U
N Y U V E R H O T M G H M T U
H U E Y M U K K P L D W T R L
```

KIRJASTO
AITA
SAVUPIIPPU
NØKLER
SUIHKU
VERHOT
KEITTIÖ
PEILI
AUTOTALLI
IKKUNA

PUUTARHA
TAKKA
HUONEKALU
SEINÄ
OVI
HUONE
ULLAKKO
MATTO
HANA
LUUTA

# 27 - Vegetais

```
S  K  Q  Y  N  I  P  R  E  T  I  I  S  I  Z
E  A  Q  R  I  D  I  E  T  G  B  T  E  D  O
F  E  L  N  Z  L  R  I  R  S  R  J  D  T  V
M  T  N  O  N  Y  Ä  I  R  U  S  I  E  N  I
A  U  F  I  T  U  Ä  A  Q  I  N  O  W  Z  V
R  P  N  L  O  T  V  K  U  K  L  A  R  V  W
T  E  S  A  W  K  I  S  A  L  A  A  T  T  I
I  R  E  A  K  V  K  S  K  L  H  U  T  H  P
S  S  L  K  W  O  N  W  I  O  L  F  U  H  I
O  I  L  A  Y  K  I  L  U  P  I  S  S  E  N
K  L  E  S  L  U  M  S  I  R  U  A  N  R  A
K  J  R  R  F  R  F  G  O  M  W  L  Y  N  A
A  A  I  A  L  K  V  I  C  K  R  O  I  E  T
S  C  A  P  G  K  P  O  R  K  K  A  N  A  T
L  I  C  Q  L  U  K  U  R  P  I  T  S  A  I
```

KURPITSA           SIENI
SELLERI            HERNE
ARTISOKKA          PINAATTI
PERUNA             INKIVÄÄRI
MUNAKOISO          NAURIS
PARSAKAALI         KURKKU
SIPULI             RETIISI
PORKKANA           SALAATTI
SALOTTISIPULI      PERSILJA

# 28 - Balé

```
C Z C Z F T E K N I I K K A H
O R K E S T E R I D C B S F A
Q B Q J N O E Z N M F Y N U R
Ö I M I L P P R H U H D E S J
S Ä V E L T Ä J Ä J T B N E O
I M W K O R E O G R A F I A I
E M U S I I K K I U J I L T T
L B T E S K A H I L I L L Y U
Y E R Y I G R Z M H S M E Y K
N R L B R N D S S P S E E L S
N D Y E N Q R I M G N I T I E
B A L L E R I N A M A K I A T
T A I T O G P C T B T Ä A A S
H A R J O I T E L L A S T T C
I N T E N S I T E E T T I V B
```

TAITEELLINEN        TAITO
BALLERINA           INTENSITEETTI
SÄVELTÄJÄ            LIHAKSET
KOREOGRAFIA         MUSIIKKI
TANSSIJAT           ORKESTERI
HARJOITUKSET        HARJOITELLA
TYYLI               YLEISÖ
ILMEIKÄS            RYTMI
ELE                 TEKNIIKKA

# 29 - Adjetivos #1

```
T  V  I  E  H  Ä  T  T  Ä  V  Ä  S  S  T  Y
U  Ä  R  T  Ä  R  K  E  Ä  S  O  A  I  A  Q
H  M  Y  A  D  O  O  U  V  Z  D  L  Y  I  C
O  Q  G  D  S  S  U  A  A  N  B  A  S  T  S
A  K  S  S  E  K  P  S  K  E  N  P  N  E  U
N  A  V  A  T  L  A  V  A  N  E  E  B  E  U
T  C  D  P  B  R  L  S  V  I  N  R  D  L  R
E  S  T  S  G  M  U  I  A  L  I  Ä  T  L  I
L  Q  F  H  T  R  W  N  N  L  T  I  U  I  A
I  S  P  Y  G  C  Z  R  P  E  T  N  M  N  R
A  I  T  G  Q  V  F  E  E  H  N  E  M  E  V
S  A  D  I  H  Q  W  D  B  E  E  N  A  N  O
E  H  D  O  T  O  N  O  G  R  D  P  M  C  K
Q  Y  Q  B  A  R  U  M  B  D  I  Y  V  I  A
K  T  Z  I  W  E  K  S  O  T  I  S  K  R  S
```

EHDOTON
TAITEELLINEN
VIEHÄTTÄVÄ
VALTAVA
TUMMA
EKSOTISK
OHUT
ANTELIAS
SUURI
REHELLINEN

IDENTTINEN
TÄRKEÄ
HIDAS
SALAPERÄINEN
MODERNI
TÄYDELLINEN
RASKAS
VAKAVA
ARVOKAS

# 30 - Paisagens

```
B K V F F J N I E M I M A A S
W S L M C T Ä Y M Ä K I K O J
S P M I N M N Ä Y J M B B R A
L U H P H Q A Y V V D E Y J S
M S D H O K B V Z U W K R G U
K U I L U J D N F W O A U I Y
J O S V O L C A N O K R U R W
Ä T U G J C R P F S A D I E K
Ä U O T I R O U V T S N V M E
T P C H Q R R O F K Q U R A W
I I P U L A A K S O A T Ä T P
K S Y F A O R A N T A J J L L
K E I T R Z N K S B B Z V A Y
Ö V Z Z F W G A L U O L A V B
Y B M A D E G A A V I K K O P
```

| | |
|---|---|
| VESIPUTOUS | VUORI |
| LUOLA | KEIDAS |
| MÄKI | VALTAMERI |
| AAVIKKO | SUO |
| JÄÄTIKKÖ | NIEMIMAA |
| KUILU | RANTA |
| JÄÄVUORI | JOKI |
| SAARI | TUNDRA |
| JÄRVI | LAAKSO |
| MERI | VOLCANO |

# 31 - Dança

```
Y V R M W K P E S V Q K A K E
O O Y G U L U U G M D U L F N
J O H E K S A K G L V M Y W W
R W T S Ä K I E M L I P E F C
L B I K E M M I W S S P A N J
T I M T Y R E P K M Z A F D W
K H I M Y D T V Z K I N Q T P
L P R K W I A U V P I I J C W
A Q F T E S K U T I O J R A H
S T C Q D Y A S P C A R M O K
S F I N I K U L T T U U R I S
I P P I A V I L O I N E N P R
N G N W T T U N N E C C B A D
E K O R E O G R A F I A K B F
N E N I E T N I R E P O L F W
```

AKATEMIA
ILOINEN
TAIDE
KLASSINEN
KOREOGRAFIA
KEHO
KULTTUURI
TUNNE
HARJOITUKSET

ILMEIKÄS
ARMO
LIIKE
MUSIIKKI
KUMPPANI
RYHTI
RYTMI
PERINTEINEN

# 32 - Nutrição

```
W  L  Z  D  F  T  T  M  G  R  A  T  T  U  E
A  J  R  L  T  E  E  U  V  E  U  T  A  A  L
U  F  C  G  E  Z  R  K  J  T  L  E  S  K  I
K  A  L  O  R  I  V  I  H  A  A  E  A  A  C
A  V  O  D  P  E  E  Y  L  R  H  T  P  T  U
M  O  P  T  M  N  Y  J  M  D  A  S  A  K  M
V  S  Q  S  H  Q  S  E  Q  Y  K  E  I  E  Y
V  I  T  A  M  I  I  N  I  H  O  N  N  R  R
R  U  O  K  A  V  A  L  I  O  U  N  O  A  K
K  A  S  T  I  K  E  W  Y  B  R  C  I  V  K
F  F  O  T  S  S  G  N  I  R  Æ  N  N  A  Y
I  N  I  I  E  T  O  R  P  A  J  E  E  N  P
T  C  L  D  I  R  K  R  S  K  T  Z  N  E  F
S  A  F  M  N  Ä  V  Ä  T  Ö  Y  S  L  D  Z
P  I  S  Q  C  I  N  E  N  I  M  Y  Ä  K  I
```

KATKERA  
RUOKAHALU  
KALORI  
KARBOHYDRATER  
SYÖTÄVÄ  
RUOKAVALIO  
TASAPAINOINEN  
KÄYMINEN  
NESTEET  
KASTIKE  

NÆRINGSSTOFF  
PAINO  
PROTEIINI  
LAATU  
MAKU  
TERVE  
TERVEYS  
MYRKKY  
VITAMIINI

# 33 - Energia

```
V R O U T Y A K Y G E Q I U S
O N G P G H U G A Y U A Q T Ä
Y S T G E Ö T S I R Ä P M Y H
I D W O N H M V P I N V L S K
M A I K I I U N O J L P H G Ö
O F N N A I N O R T K E L E I
O G I I O L M S T Z A I P K N
T M I R T I W M N B E R E O E
T Y B U T Y K U E E E T C V N
O T R A L E S E I D R S E S U
R B U I O F O T O N I U K K A
I D T V P D B K Q V L D R Z M
L Ä M P Ö H K I Z E U N U O B
U U S I U T U V A T U I K M F
B E N S I I N I T Y T D N M M
```

| | |
|---|---|
| YMPÄRISTÖ | BENSIINI |
| AKKU | VETY |
| LÄMPÖ | INDUSTRI |
| HIILI | MOOTTORI |
| POLTTOAINE | YDIN |
| DIESEL | FORURENSNING |
| SÄHKÖINEN | UUSIUTUVA |
| ELEKTRONI | AURINKO |
| ENTROPIA | TURBIINI |
| FOTONI | TUULI |

# 34 - Disciplinas Científicas

```
I  M  M  U  N  O  L  O  G  I  A  M  A  M  K
E  A  I  G  O  L  O  I  B  U  I  E  R  Z  A
R  I  G  K  S  K  M  P  G  D  G  T  K  Y  S
Q  M  C  Y  V  S  O  E  I  P  O  E  E  V  V
G  E  O  L  O  G  I  A  K  P  L  O  O  E  I
C  K  Y  P  S  D  N  S  H  L  O  R  L  K  T
U  T  U  C  S  O  P  H  Z  L  R  O  O  O  I
O  S  J  M  V  Y  S  O  N  V  U  L  G  L  E
W  T  I  R  N  D  K  I  O  M  E  O  I  O  D
M  S  M  O  H  F  A  O  O  L  N  G  A  G  E
A  N  A  T  O  M  I  A  L  L  H  I  D  I  M
B  I  O  K  E  M  I  A  Y  O  O  A  K  A  Q
T  Ä  H  T  I  T  I  E  D  E  G  G  E  J  H
F  Y  S  I  O  L  O  G  I  A  R  I  I  K  L
K  I  N  E  S  I  O  L  O  G  I  A  A  A  E
```

ANATOMIA

ARKEOLOGIA

TÄHTITIEDE

BIOLOGIA

BIOKEMIA

KASVITIEDE

KINESIOLOGIA

EKOLOGIA

FYSIOLOGIA

GEOLOGIA

IMMUNOLOGIA

METEOROLOGIA

NEUROLOGIA

PSYKOLOGIA

KEMIA

SOSIOLOGIA

# 35 - Meditação

```
A T O T N U T Ä T Ö Y M T T G
K J Y T S Ä I R A U H A U F Z
B M A O Y A K I P J I O N Y I
V G V T A I K Ö I S J P N S L
O K S N U O I R K U Y P E T S
H U V O D K I U S U I I H Ä R
S E L U O H S O S S L A S V Y
E N R L T Z U I L I L M A Ä H
L E A E N E M M A L R Z A L T
K G F W I C V O M L W N P L I
E J G E A L M U U O E K I I L
Y U S C V L L H Q T F B F S E
S Y S Z A W T Ä V I M I J Y I
T C U C H Y F G T I Q Y E Y M
H E N K I S T Ä K K H A D S D
```

| | |
|---|---|
| HEREILLÄ | MIELI |
| OPPIA | LIIKE |
| HUOMIO | MUSIIKKI |
| YSTÄVÄLLISYYS | LUONTO |
| SELKEYS | HAVAINTO |
| MYÖTÄTUNTO | RAUHA |
| TUNNE | AJATUKSIA |
| KIITOLLISUUS | NÄKÖKULMA |
| HENKISTÄ | RYHTI |

# 36 - Artes Visuais

```
K K U P A V M R P W S J R F V
E O S A V I A U P Y U W D W E
R O R K Y Y O L O A U R W N I
A S U A L A A M O T V T F O S
M T Y E D E J L M K O L D C T
I U T I I L I G A Z U K S F O
I M M N L O L C G K L V U B S
K U Ä N Y K I I D Q K Q A V Q
K S J I E U E R M H R A H I A
A A H C A V T R D H Y W H E T
W S L S V A I N I I F A R A P
Q I M A A L A U S T E L I N E
N O I R U U T H E T I K K R A
P F O N Ä K Ö K U L M A Y S U
M E S T A R I T E O S D I U U
```

SAVI

ARKKITEHTUURI

TAITEILIJA

KYNÄ

MAALAUSTELINE

PARAFIINI

KERAMIIKKA

KOOSTUMUS

LUOVUUS

VEISTOS

ELOKUVA

VALOKUVA

LIITU

MESTARITEOS

NÄKÖKULMA

MAALAUS

MUOTOKUVA

LAKKA

# 37 - Moda

```
P  V  Y  D  E  B  K  B  R  O  D  E  R  I  A
P  A  H  V  Z  G  N  A  V  A  K  U  M  J  L
O  S  I  V  D  R  O  E  N  N  E  K  A  R  K
S  E  V  A  E  D  K  T  E  G  S  S  Z  Y  U
U  Ä  U  A  D  K  B  B  D  E  A  I  T  Y  P
A  T  K  T  A  T  I  M  U  P  N  S  W  E  E
T  W  S  I  S  T  I  P  L  Y  V  I  N  A  R
N  N  I  M  L  N  L  K  L  K  J  L  M  E  Ä
U  B  T  A  I  Y  Y  W  I  K  E  L  A  U  I
U  D  K  T  G  W  Y  E  N  N  J  A  N  Q  N
S  W  A  O  K  I  T  T  E  U  R  K  R  I  E
I  T  R  N  R  D  A  A  N  L  Q  E  F  T  N
H  S  P  G  P  D  S  A  C  K  S  H  D  U  Q
G  N  H  P  B  S  J  V  Q  S  B  B  I  O  I
U  P  A  I  N  I  K  K  E  E  T  Y  O  B  M
```

| | |
|---|---|
| EDULLINEN | MODERNI |
| BRODERI | VAATIMATON |
| PAINIKKEET | ALKUPERÄINEN |
| BOUTIQUE | PRAKTISK |
| KALLIS | PITSI |
| MUKAVA | VAATE |
| TYYLIKÄS | KANGAS |
| TYYLI | SUUNTAUS |
| MITAT | RAKENNE |

# 38 - Instrumentos Musicais

```
K P H C F H Y D C Q C L B I Y
L I K U P M U R J O I B L N F
A A I L U C J Y G N R A Y I V
R N T U S L K P B M O B K I R
I O A I E U I T T E P M U R T
N R R V L F T H T A E I V U M
E H A T L A T S A M M R M B A
T A B U O E O B O R J A P M N
T R G A E G S T G P M U A D
I P I G N W A G O N G P A T O
G P Q A M J F S K A C L U P L
B U G K B J O P A S U U N A I
S A K S O F O N I R B O G L I
J S Q E B U J R C H U I L U N
F Y Y P A N O Q E L D Z G C I
```

MANDOLIINI          TAMBURIINI
BANJO               PIANO
KLARINETTI          SAKSOFONI
FAGOTTI             RUMPU
HUILU               PASUUNA
HUULIHARPPU         TRUMPETTI
GONG                KITARA
HARPPU              VIULU
MARIMBA             SELLO
OBOE

# 39 - Adjetivos #2

```
E  V  V  T  M  O  R  Q  K  C  C  H  J  Z  T
T  E  B  Y  Q  C  W  E  U  J  H  N  C  W  D
O  M  O  Y  Z  J  A  S  I  U  L  U  U  K  N
Ä  E  P  L  Y  U  R  S  V  J  V  M  H  E  E
Z  L  Y  I  E  O  G  S  A  M  U  U  K  P  N
P  U  Z  K  W  V  P  Z  V  S  I  D  L  U  I
F  A  S  Ä  N  O  R  M  A  A  L  I  Z  H  L
D  G  K  S  C  T  A  E  T  K  L  S  P  D  L
K  F  N  S  G  I  F  C  T  A  I  U  E  A  U
V  M  Z  U  U  A  G  F  O  J  V  U  T  S  U
J  N  U  J  D  P  J  I  U  H  J  H  N  U  T
N  C  B  W  H  I  N  Z  T  A  E  I  A  A  S
S  U  O  L  A  I  N  E  N  L  L  U  O  V  A
L  U  O  N  N  O  L  L  I  N  E  N  V  U  V
D  V  Y  S  P  A  E  F  K  P  E  D  B  K  Y
```

| | |
|---|---|
| AITO | UUSI |
| LUOVA | YLPEÄ |
| KUVAUS | TUOTTAVA |
| LAHJAKAS | PUHDAS |
| TYYLIKÄS | KUUMA |
| KUULUISA | VASTUULLINEN |
| VAHVA | SUOLAINEN |
| PAKSU | TERVE |
| LUONNOLLINEN | KUIVA |
| NORMAALI | VILLI |

# 40 - Roupas

```
K H G D A E K U U U S P L T N
M E H O O S Ä U E G A A J D S
S C N K M I S P V K I I D G N
U G G K W L I H I P C T U P Y
K Q S E Ä I N S L S U A D N Z
A H A M E I E N L A T S Z J W
T O C M A N E C A N T W E E L
Q T K N A A T E P D A J S R J
H U I V I J Ö P A A H G A H O
A K T R K E Y P I A T A K K I
D R O K H G V P T L T K K Q E
V A U M H I Q I A I K V I C C
M F M C M T H E F T U S U O H
Y V A R M B Å N D H E S H W V
K A U L A K O R U Z P I L U Q
```

ESILIINA        KÄSINEET
PUSERO          SUKAT
HOUSUT          MUOTI
PAITA           PYJAMA
HATTU           ARMBÅND
VYÖ             HAME
KAULAKORU       SANDAALIT
TAKKI           KENKÄ
FARKUT          VILLAPAITA
HUIVI           MEKKO

# 41 - Herbalismo

```
S  Y  V  G  Q  Z  E  P  V  F  P  V  B  W  H
I  A  K  K  U  K  Q  J  F  C  E  I  Z  N  Y
R  O  S  M  A  R  I  I  N  I  R  H  M  H  Ö
E  K  S  O  G  I  L  M  K  W  S  R  F  J  D
T  R  A  V  S  K  E  A  M  B  I  E  E  O  Y
N  A  A  S  V  E  T  J  C  K  L  Ä  N  R  L
A  K  E  E  V  B  N  M  H  L  J  I  K  C  L
I  U  H  Q  C  I  E  I  U  K  A  M  O  A  I
R  U  L  A  E  T  V  T  A  W  L  P  L  H  N
O  N  V  W  I  M  A  R  I  E  M  A  I  R  E
K  A  L  N  L  M  L  K  M  K  T  N  A  A  N
A  R  O  M  A  A  T  T  I  N  E  N  Y  T  D
S  E  B  A  S  I  L  I  K  A  D  R  G  U  U
M  A  U  S  T  E  S  A  H  R  A  M  I  U  F
V  A  L  K  O  S  I  P  U  L  I  R  K  P  R
```

| | |
|---|---|
| MAUSTESAHRAMI | PUUTARHA |
| ROSMARIINI | LAVENTELI |
| VALKOSIPULI | BASILIKA |
| AROMAATTINEN | MEIRAMI |
| HYÖDYLLINEN | KASVI |
| KORIANTERI | LAATU |
| RAKUUNA | MAKU |
| KUKKA | PERSILJA |
| FENKOLI | TIMJAMI |
| AINESOSA | VIHREÄ |

# 42 - Arqueologia

```
T  C  N  T  D  H  Y  F  P  K  N  F  U  W  F
U  U  O  T  W  A  M  R  R  O  E  Y  U  Q  O
U  T  T  Y  Z  U  M  A  O  P  N  E  P  U  S
L  T  A  K  Z  T  I  G  F  J  I  F  R  J  S
T  E  M  A  I  A  S  M  E  A  Ä  I  F  W  I
E  D  E  N  T  J  U  E  S  N  L  Ä  M  I  I
M  H  T  T  K  K  A  N  S  A  E  F  N  T  L
P  O  N  I  E  E  K  T  O  L  K  S  B  N  I
P  N  U  I  J  Z  A  T  R  Y  L  E  T  I  E
E  U  T  K  B  D  K  E  I  Y  Ä  E  I  O  H
L  I  D  I  O  P  I  J  C  S  J  Q  I  I  J
I  Z  V  N  M  J  A  A  C  I  G  W  M  V  U
A  S  I  A  N  T  U  N  T  I  J  A  I  R  V
U  M  M  Y  S  T  E  E  R  I  Z  C  V  A  D
S  I  V  I  L  I  S  A  A  T  I  O  B  T  Z
```

| | |
|---|---|
| ANALYYSI | FOSSIILI |
| ANTIIKIN | FRAGMENTTEJA |
| ARVIOINTI | TUTKIJA |
| SIVILISAATIO | MYSTEERI |
| JÄLKELÄINEN | OBJEKTI |
| TUNTEMATON | LUUT |
| TIIMI | PROFESSORI |
| AIKAKAUSI | JÄÄNNE |
| ASIANTUNTIJA | TEMPPELI |
| UNOHDETTU | HAUTA |

# 43 - Esporte

```
U  L  I  E  H  R  U  I  K  C  K  P  U  C  K
C  R  D  Y  O  M  A  K  S  I  M  O  I  D  A
R  E  H  N  O  H  S  Y  D  Ä  N  R  O  E  F
Y  P  O  E  C  A  J  A  T  N  E  M  L  A  V
K  E  H  O  I  Y  L  E  T  T  Y  N  E  V  R
Y  N  R  K  U  L  T  G  L  F  V  Q  Y  G  A
K  L  U  U  T  E  I  H  Z  M  W  F  U  T  V
P  E  W  C  C  S  F  J  G  H  O  M  Y  E  I
Y  E  S  Q  O  G  T  Y  A  E  J  I  A  S  T
Ö  B  Q  T  I  S  S  N  A  T  H  U  D  K  S
R  Z  L  D  Ä  K  K  L  Ö  H  B  T  I  A  E
Ä  O  I  L  A  V  A  K  O  U  R  Q  S  H  M
I  M  V  A  B  S  Y  E  V  R  E  T  J  I  U
L  O  F  D  G  M  D  Y  V  P  W  F  R  L  S
Y  T  A  V  O  I  T  E  S  U  U  V  H  A  V
```

| | |
|---|---|
| VENYTTELY | HÖLKKÄ |
| URHEILIJA | MAKSIMOIDA |
| KYKY | LIHAKSET |
| SYDÄN | RAVITSEMUS |
| PYÖRÄILY | TAVOITE |
| KEHO | LUUT |
| TANSSIT | OHJELMOIDA |
| RUOKAVALIO | KESTÄVYYS |
| URHEILU | TERVEYS |
| VAHVUUS | VALMENTAJA |

# 44 - Agronomia

```
L K E S T Ä V Ä T K T O N M K
E A R F A R H J E A M I N I O
K M N C J N V C D S W O E J Y
O A E N N E E B U V S A K D C
L A N S O N S M A I H M U Ä E
O T E Y E I I Y R T L W N R W
G A R S R N T V I H A N N E S
I L G T O A E E A J F L H P H
A O I E O A N A S V N P O A C
L U A E S G E I O G O Y B A T
I S J M I R M S Z K J A B M H
U D O I O O E T U O T A N T O
W W A T C C I H A U D L H E I
S Y O L Ö T S I R Ä P M Y B S
M A A S E U D U N T F W I I P
```

| | |
|---|---|
| MAATALOUS | VIHANNES |
| YMPÄRISTÖ | ORGAANINEN |
| VESI | KASVIT |
| TIEDE | TUOTANTO |
| KASVU | MAASEUDUN |
| SAIRAUDET | SIEMENET |
| EKOLOGIA | SYSTEEMIT |
| ENERGIA | MAAPERÄ |
| EROOSIO | KESTÄVÄ |
| LANNOITE | |

# 45 - Frutas

```
K  M  S  D  T  F  S  B  D  F  K  S  L  L  E
O  S  K  R  G  P  N  N  A  M  L  E  D  A  V
K  R  O  I  H  V  C  D  E  N  C  F  N  C  A
O  Y  A  Y  R  R  E  B  K  C  A  L  B  A  P
S  P  V  C  P  S  U  J  O  G  N  A  M  K  R
N  Ä  G  F  Ä  K  I  A  F  K  U  K  N  K  I
Ø  L  P  W  Ä  L  Z  K  L  B  U  I  E  I  K
T  E  A  J  R  A  M  Q  K  C  R  I  C  S  O
T  O  N  Q  Y  S  M  P  H  A  T  V  P  R  O
O  Q  R  L  N  S  A  N  U  K  I  I  V  E  S
M  D  S  A  Ä  S  N  T  P  W  S  L  A  P  I
E  U  Q  O  N  G  A  V  O  K  A  D  O  B  D
N  Y  W  G  N  S  G  U  A  V  A  H  J  F  W
A  T  T  S  D  R  S  A  N  A  N  A  S  L  Y
V  K  H  P  H  I  N  I  I  R  A  T  K  E  N
```

| | |
|---|---|
| AVOKADO | GUAVA |
| ANANAS | KIIVI |
| BLACKBERRY | ORANSSI |
| MARJA | SITRUUNA |
| BANAANI | OMENA |
| KIRSIKKA | MANGO |
| KOKOSNØTT | NEKTARIINI |
| APRIKOOSI | PÄÄRYNÄ |
| VIIKUNA | PERSIKKA |
| VADELMA | RYPÄLE |

# 46 - Corpo Humano

```
L M E K P P H S E S J K F N S
A M Z N V K M V E L P T W P Y
N W B L T E U Q G Y H Y Z Y D
W T N W U Q G T W S R A A N Ä
K O R V A L R O E O I R E V N
D V J O P G K K P L R L B P G
E I S A B A V F O K U V M R L
J A A H I H O S L A H U T Ä L
G A D D S S K O V P E W H S C
L S L V Ä U G R I Ä K A U L A
E T G K K S P M R Ä E S U U H
U O P L A F Y I H T Ä Y K I T
K V V P Ä Ä P R Ä N Y Y K A
A E C D O H D A Z Z E R Q Q C
N I L K K A L M V W N M I F Q
```

| | |
|---|---|
| SUU | SILMÄ |
| PÄÄ | OLKAPÄÄ |
| AIVOT | KORVA |
| SYDÄN | IHO |
| KYYNÄRPÄÄ | JALKA |
| SORMI | KAULA |
| POLVI | LEUKA |
| HUULET | VERI |
| KÄSI | OTSA |
| NENÄ | NILKKA |

# 47 - Restaurante #1

```
N R A J I L I O J R A T M L R
N K P Y O A I G R E L L A J A
G Q G K N U H S N L E G T P A
S Y Ö D Ä T E Q F W K F D J T
Q J V K Q A K O U R I K L Ä J
Z F A E G S T P S S T Y G P M
C L G B L L D V L U S Q H I A
J V R F G I O N S K A J G E U
O T A A K I M Q K E K R P L S
H F P L F N L T E N I A A R T
L I H A I A L J I S T I E V E
U N K V M K I A T C T V P Q I
K A N A Z M K S T B O H F H N
R A Y M J E K O I K R A H P E
N O F T C V J F Ö O A K B I N
```

| | |
|---|---|
| ALLERGIA | AINE |
| KAHVI | VALIKKO |
| LIHA | KASTIKE |
| SYÖDÄ | LEIPÄ |
| KEITTIÖ | MAUSTEINEN |
| VEITSI | LEVY |
| KANA | VARAUS |
| TARJOILIJA | JÄLKIRUOKA |
| LAUTASLIINA | KULHO |

# 48 - Caminhada

```
U A Z P I N Q R A U Y G W J T
U G V E P L K W A U R L M A C
A L M K A R T T A S R V L U Z
I G K S V N E R W T K I V I K
L S O Ä A E M R E E K A N J A
M S K Ä A O I L L A K F S K Q
A U O B R K Ä O F S J A N H O
S U U D A I L S A A P P A A T
T N S O T V E F Q E V A B T P
O T O T S I U P Q Y R J S Y E
D A N N Z L V T C A M P I N G
V N P O T L R C B D E D R Y I
T E I U T I F N W D R O O S W
A L S L S A I V W J H O U Ä G
W Y M I R R I K Y U D B V V O
```

| | |
|---|---|
| CAMPING | SUUNTA |
| ELÄIMET | PUISTOT |
| VESI | KIVI |
| SAAPPAAT | KALLIO |
| VÄSYNYT | VAARAT |
| ILMASTO | RASKAS |
| KOKOUS | VILLI |
| KARTTA | AURINKO |
| VUORI | SÄÄ |
| LUONTO | |

# 49 - Biologia

```
L Q D F O T O S Y N T E E S I
B A K T E E R I T O G D K O W
L Y E J G S U U O I S S U B U
I Q S N E N I L L O N N O U L
N E S E T I N E E G A L L O K
O S Ä K Ä S I N R S A S K I P
M M P N T O Y I V O N Y R T R
R U R B Z O T Y L L A M O U O
O E T K W M T P M U T B M U T
H V Z A J S E G Q I O I O L E
B P P G A O F G B S M O S O I
H E R M O T Z A Q L I O O V I
A L K I O B I C S F A S M E N
N E U R O N I O C O N I I J I
M A T E L I J A S Y N A P S I
```

| | |
|---|---|
| ANATOMIA | NISÄKÄS |
| BAKTEERIT | MUTAATIO |
| SOLU | LUONNOLLINEN |
| KOLLAGEENI | HERMO |
| KROMOSOMI | NEURONI |
| ALKIO | OSMOOSI |
| ENTSYYMI | PROTEIINI |
| EVOLUUTIO | MATELIJA |
| FOTOSYNTEESI | SYMBIOOSI |
| HORMONI | SYNAPSI |

# 50 - Beleza

```
V N K K I H A R A T A V Z U J
I H O F P E I L I N P R H Y P
E I S S N A G E L E Q L M H B
H S M U B W D Q K H P U A O P
Ä Ä E L I S W N Q Y J Z B R A
T K T F I T S E P P E L R I L
Y I I Y N A H G J M R I K P V
S L I M J S R O H I Q T D S E
S Y K S E L I T U O K S U I L
A Y K H B I Ö O A D H I L V U
K T A A G R K F S N A L W Ä T
S B F M L Ä Q K H Y J Y R R R
E B W P F V B G I Q W T R I G
T S A O S K Z A F Q A S G M S
G L C O C E J P M B Y H Q S Q
```

| | |
|---|---|
| LEPPESTIFT | TUOKSU |
| KIHARAT | ARMO |
| VIEHÄTYS | MEIKKI |
| VÄRI | ÖLJYT |
| KOSMETIIKKA | IHO |
| TYYLIKÄS | RIPSIVÄRI |
| ELEGANSSI | PALVELUT |
| PEILI | SILEÄ |
| STYLISTI | SAKSET |
| FOTOGEN | SHAMPOO |

# 51 - Filantropia

```
T E E T T I O V A T V N L J H
W J T Y G A H O C Z R E A C I
K W E E B A J M H Z Y N P O S
R A H O I T U S I J W I S P T
A I D H T T P Y S S E K E J O
V Z L I E I U Y A F K L T B R
N D I I H O Ö S A L N U M B I
H Y M H T J S I E A V J N A A
S A V R Ä H I L N U O R I T T
M D A H V A E L R Y H M Ä T A
S D G S Ä L T E S I M H I F R
Q L E N T H H H G F F G F J A
O L N C T E Y E B Y M J M L V
L Y E B Q K E R G N E O R T B
L G T O D E I T S Y E T H Y Z
```

YHTEISÖ

YHTEYSTIEDOT

LAPSET

HAASTEET

LAHJOITTAA

RAHOITUS

VARAT

GAVMILDHET

RYHMÄT

HISTORIA

REHELLISYYS

IHMISKUNTA

NUORI

TEHTÄVÄ

TAVOITTEET

IHMISET

OHJELMAT

JULKINEN

# 52 - Família

```
S  T  S  T  I  S  O  Ä  I  T  I  T  C  V  S
K  Y  E  E  R  Ä  T  Y  T  N  E  J  L  E  V
F  T  I  S  R  A  T  R  M  E  C  T  P  L  J
G  Ä  M  P  O  K  L  Z  B  J  G  N  D  J  R
R  R  A  A  L  I  K  U  Y  I  S  Ä  T  E  S
W  W  C  L  L  O  H  U  Q  L  T  S  G  N  C
R  V  G  Y  S  P  O  H  Z  E  M  I  G  P  W
W  L  U  S  V  N  V  M  L  V  M  S  Ä  O  B
S  B  P  U  B  A  N  G  S  N  M  P  Y  I  G
P  V  I  U  L  J  Ä  I  D  I  N  A  I  K  S
T  O  G  S  C  O  V  A  I  M  O  L  I  A  L
Ä  G  Z  P  H  P  Y  I  P  E  B  K  E  I  F
T  S  T  A  M  F  A  R  L  Y  Y  N  S  S  S
I  N  V  L  R  D  R  Q  U  E  V  O  E  I  W
O  A  Z  Y  Q  R  E  M  R  C  C  B  K  C  S
```

| | |
|---|---|
| STAMFAR | ÄIDIN |
| ISOÄITI | ÄITI |
| LAPSI | POJANPOIKA |
| LAPSET | ISÄ |
| VAIMO | ISÄN |
| TYTÄR | SERKKU |
| LAPSUUS | VELJENTYTÄR |
| SISKO | VELJENPOIKA |
| VELI | TÄTI |
| MIES | SETÄ |

# 53 - Férias #2

```
J  H  A  P  Z  U  F  N  J  M  L  K  S  F  M
M  O  B  Y  I  W  A  D  I  J  L  O  M  A  K
A  T  T  L  E  T  D  P  T  V  F  M  Y  J  U
T  E  N  S  D  B  N  V  A  H  T  F  U  L  L
K  L  O  F  E  D  H  O  K  P  R  V  U  V  J
A  L  J  N  C  R  Q  B  S  A  A  A  O  U  E
T  I  R  E  M  G  I  R  I  S  N  P  S  O  T
V  A  R  A  U  K  S  E  T  S  T  A  G  R  U
R  A  V  I  N  T  O  L  A  I  A  A  M  E  S
U  L  K  O  M  A  A  L  A  I  N  E  N  T  K
H  T  S  M  T  V  T  R  T  K  R  F  Y  V  A
T  W  T  H  B  U  B  G  N  F  Z  A  Y  B  R
D  G  B  D  Q  K  E  G  L  G  Y  V  A  S  T
V  I  I  S  U  M  I  N  U  T  F  M  J  S  T
F  R  B  V  B  I  Q  H  G  Y  A  N  G  D  A
```

| | |
|---|---|
| LUFTHAVN | VUORET |
| KOHDE | PASSI |
| ULKOMAALAINEN | RANTA |
| LOMA | VARAUKSET |
| KUVAT | RAVINTOLA |
| HOTELLI | TAKSI |
| SAARI | TELTTA |
| VAPAA | KULJETUS |
| KARTTA | MATKA |
| MERI | VIISUMI |

# 54 - Edifícios

```
D N B U L U O K S W V L C D D
L L V R B Ä A U T O T A L L I
I N A L F Y H Z V G G F V Y Q
N O D T W O H E H S F E E N Q
N I N R O T P O T H G Z M T T
A D G H U C C I Z Y M U S E O
I A L A A R I A S F S B K K H
T T M A M A A T I L A T R R U
E S H O T E L L I B B T Ö A O
T L L A B O R A T O R I O M N
E E O T E H D A S W L A W R E
L O O K Y L I O P I S T O E I
T L U V U T E A T T E R I P S
T H A N E V N B M T G V Y U T
A O I R O T A V R E S B O S O
```

HUONEISTO          SAIRAALA
LINNA              HOTELLI
LATO               LABORATORIO
ELOKUVA            MUSEO
LÄHETYSTÖ          OBSERVATORIO
KOULU              SUPERMARKET
STADION            TEATTERI
MAATILA            TELTTA
TEHDAS             TORNI
AUTOTALLI          YLIOPISTO

# 55 - Xadrez

```
N E N I L A A N O G A I D M V
C E B P H J U I E V I I L M A
M C K E L A H N R A P R K S L
M U V L H A R W W S P A P A K
B A S I M L A L E T O T A G O
Q F W T G E T W V U K S S N I
H T C Q A P A H T S N E S I N
K I L P A I L U M T P M I N E
S Ä Ä N N Ö T K V A Y J I U N
I L G L T K V O Y J M M V K Q
S T R A T E G I A A H Q I F J
H A A S T E E T N I U H N Z D
L W R R R V F H E D R Y E G E
R G P L Q R A T A G N I N U K
T U R N A U S P Q Z M Q T O G
```

OPPIA
VALKOINEN
MESTARI
KILPAILU
HAASTEET
DIAGONAALINEN
STRATEGIA
PELAAJA
PELI

VASTUSTAJA
PASSIIVINEN
MUSTA
KUNINGATAR
SÄÄNNÖT
KUNINGAS
UHRATA
AIKA
TURNAUS

# 56 - Aventura

```
M  G  J  T  Q  K  A  E  Y  V  E  T  S  Q  Y
T  A  Q  T  R  O  U  H  S  O  S  U  V  R  L
O  V  H  T  R  H  U  B  T  W  P  D  A  K  L
I  A  H  D  M  D  S  S  Ä  R  E  T  K  I  Ä
M  A  A  I  O  E  I  U  V  L  U  C  H  K  T
I  R  A  N  N  L  U  U  Ä  V  P  E  Z  A  T
N  A  S  N  A  M  L  S  V  V  R  W  P  U  Ä
T  L  T  O  V  A  V  I  W  A  B  O  R  N  V
A  L  E  S  I  T  O  L  S  O  I  D  H  E  Ä
I  I  E  T  G  K  N  L  S  U  M  K  Z  U  O
I  N  T  U  O  U  H  A  R  A  U  M  E  S  C
E  E  W  S  I  S  Y  V  G  E  Q  S  K  U  H
I  N  H  I  N  T  O  R  L  U  O  N  T  O  S
L  V  Y  Q  T  A  J  U  M  A  T  K  A  N  C
O  P  N  P  I  A  K  T  W  V  I  I  V  U  A
```

| | |
|---|---|
| ILO | RETKI |
| YSTÄVÄ | MATKA |
| TOIMINTA | LUONTO |
| KAUNEUS | NAVIGOINTI |
| MAHDOLLISUUS | UUSI |
| HAASTEET | VAARALLINEN |
| KOHDE | TURVALLISUUS |
| VAIKEUS | YLLÄTTÄVÄ |
| INNOSTUS | MATKUSTAA |

# 57 - Cidade

```
M R N J T E K R A M R E P U S
U A E V E G N V V G V B S L T
S V L G A K K I N I L K A U V
E I O A T H H C H M D C L O T
O N K L T E T A B A O G O K S
T T U L E H L F I P M K N H L
S O V E R P O Ä U K P H K B S
A L A R I A M T I L U B I V T
J A N I K N O G E N V R Y V A
R H I A K K P M N L T A A B D
I R K V E K I B N G L A N B I
K E K V E I E B O N K I R Q O
J A R H T A L Q V O G C Z H N
V D A O P Y L I O P I S T O A
D K M A A P P U A K A J R I K
```

LUFTHAVN
PANKKI
KIRJASTO
ELOKUVA
KLINIKKA
KOULU
STADION
APTEEKKI
GALLERIA
HOTELLI

ELÄINTARHA
KIRJAKAUPPA
MARKKINA
MUSEO
LEIPOMO
RAVINTOLA
SALONKI
SUPERMARKET
TEATTERI
YLIOPISTO

# 58 - Música

```
M I K R O F O N I K I K B C R
R D W T Q Ä Ä N I T E A T L U
Z J E V H Z P S J O M G E A N
T P Y A L Y Y R I N E N M U O
B K R D E Z B E N P R C P L L
G P V I A I N Y E V K Q O U L
M E L O D I A I N O M R A H I
M N Y S S M Y L I K M K B H N
O I M I I T A A S K U E A W E
O L A V D Y G U S I S R L R N
P Ä L O H R G L A S I T L R L
P V I R R V S A L U I O A Q C
E P U P B P D J K U K S D Z E
R F I M U B L A U M K Ä I G S
A I J I L A U L A A I E D B B
```

ALBUMI
BALLADI
LAULAA
LAULAJA
KLASSINEN
KERTOSÄE
ÄÄNITE
HARMONIA
IMPROVISOIDA
VÄLINE

LYYRINEN
MELODIA
MIKROFONI
MUSIIKKI
MUUSIKKO
OOPPERA
RUNOLLINEN
RYTMI
TEMPO
LAULU

# 59 - Matemática

```
A M O N I K U L M I O W Ä S S
V R H A L K A I S I J A H Ä U
I R I T T N E N O P S K E D O
H I N T A U T Q E F Z G K E R
I L A A M I S E D N T G P K A
E H E T L E S E V K L C J O K
M S L T U M E N D S J A E L U
R H L E K H Z T P A B W F M L
T I L A V U U S T K F C O I M
P F H Y H T Ä L Ö I I K V O I
W N E N I A K K A N N I R N O
Q H S U M M A Q C N V E W E B
S Y M M E T R I A U Z R N L F
G E O M E T R I A U F B M I E
L Y D Q T V D D R S H L G Ö A
```

ARITMEETTINEN
KULMAT
DESIMAALI
HALKAISIJA
YHTÄLÖ
EKSPONENTTI
JAE
GEOMETRIA
RINNAKKAINEN
SUUNNIKAS

KEHÄ
MONIKULMIO
NELIÖ
SÄDE
SUORAKULMIO
SYMMETRIA
SUMMA
KOLMIO
TILAVUUS

# 60 - Saúde e Bem Estar #1

```
M  R  E  F  L  E  K  S  I  L  T  U  W  A  B
C  U  I  P  A  N  R  B  U  T  E  I  A  K  A
K  H  R  N  G  E  H  J  O  S  R  B  P  T  K
J  O  Ä  T  O  N  R  C  O  U  A  V  T  I  T
C  I  K  E  U  I  T  H  Y  R  P  U  E  I  E
L  T  Ä  S  N  M  L  O  H  I  I  L  E  V  E
Y  O  Ä  K  H  U  A  Ä  T  V  A  U  K  I  R
T  O  L  A  I  T  K  J  Ä  T  S  U  K  N  I
Y  Z  H  H  K  U  K  Y  U  K  U  T  I  E  T
Y  P  C  I  W  O  I  R  Z  P  E  M  R  N  Z
N  F  T  L  M  T  N  T  G  P  K  S  U  R  Q
Y  H  C  O  Q  N  I  Q  T  C  R  G  U  S  D
A  Y  I  C  G  E  L  M  T  M  O  T  K  P  I
P  S  J  T  W  R  K  I  V  K  K  K  N  K  Q
N  Ä  L  K  Ä  Q  E  C  H  E  R  M  O  T  P
```

| | |
|---|---|
| KORKEUS | LIHAKSET |
| AKTIIVINEN | HERMOT |
| BAKTEERIT | LUUT |
| KLINIKKA | IHO |
| LÄÄKÄRI | RYHTI |
| APTEEKKI | REFLEKSI |
| NÄLKÄ | RENTOUTUMINEN |
| MURTUMA | TERAPIA |
| TOTTUMUS | HOITO |
| LÄÄKE | VIRUS |

# 61 - Imigração

```
I  I  R  F  R  D  G  R  Z  O  E  E  W  H  B
R  Q  G  F  U  U  S  U  T  I  O  H  A  R  A
S  L  A  P  S  E  T  S  H  Y  T  Y  J  A  S
J  B  D  J  U  H  E  R  M  D  I  V  A  J  U
I  S  S  E  R  T  S  E  D  I  L  Ä  R  A  M
T  K  O  T  N  I  L  L  A  H  A  K  A  N  I
W  W  V  R  W  K  K  L  L  Q  N  S  K  E  N
W  L  M  W  W  K  I  A  A  S  N  Y  A  U  E
S  U  O  J  E  L  U  E  I  K  E  N  T  V  N
A  I  K  U  I  S  E  T  L  S  I  T  D  O  P
S  U  P  S  E  E  R  I  L  I  A  Ä  B  T  I
V  I  E  S  T  I  N  T  Ä  L  Q  U  J  T  A
H  Q  C  N  R  A  T  K  A  I  S  U  C  E  O
K  W  Q  J  Y  I  I  L  I  Y  W  N  L  L  H
D  T  Z  K  P  R  O  S  E  S  S  I  R  U  J
```

| | |
|---|---|
| HALLINTO | LAKI |
| AIKUISET | KIELI |
| HYVÄKSYNTÄ | NEUVOTTELU |
| VIESTINTÄ | UPSEERI |
| LAPSET | TAKARAJA |
| ASIAKIRJA | PROSESSI |
| STRESSI | SUOJELU |
| RAHOITUS | TILANNE |
| RAJA | RATKAISU |
| ASUMINEN | |

# 62 - Natureza

```
P A N G J A R K I G R E E V Y
I R O U N T Y C R B I V E K W
L K T J E N E N I P P O O R T
V T D S N S U M U O F L K R K
I I V O I P F L I D L W K A A
T N M I Ä V V Y K Ä W C I U U
Ä E O S L Y U G O T L N V H N
R N N O I L Z O J G B E A A E
K I P O H S I B R L D I A L U
E W Z R E N L H S E P T J L S
Ä H J E M E T S Ä M T H O I H
P Y H Ä K K Ö I G T D E U N I
D Y N A A M I N E N W L S E I
N A G Y J Ä Ä T I K K Ö L N Q
Y J N C Y C D T T Q H T W W O
```

| | |
|---|---|
| MEHILÄINEN | JÄÄTIKKÖ |
| SUOJA | VUORET |
| ELÄIMET | SUMU |
| ARKTINEN | PILVI |
| KAUNEUS | JOKI |
| AAVIKKO | PYHÄKKÖ |
| DYNAAMINEN | VILLI |
| EROOSIO | RAUHALLINEN |
| METSÄ | TROOPPINEN |
| LEHTIEN | TÄRKEÄ |

# 63 - Doença

```
S Y T I G N E H C R T D N U A
J Y T U L E H D U S H H T K L
N T D B N E N I N O O R K E L
J A B Ä E L A B M U L M Q U E
J R A V N C W N E V T R W H R
T T K A I T A P O R U E N K G
E T T A L U Q P K P O K Z O I
R U E K L U I G K N J T F T A
V V E U Ö L C U I Q J A D E P
E A R U N U J Q E K E H O R H
Y I I T N N A T H M Y L B A R
S L B T I A G S U P M I E P H
P Q O I R V A T S A A H Q I G
N I T T E E T I N U M M I A D
D F I Q P S Y N D R O O M A U
```

VATSA
AKUUTTI
ALLERGIA
BAKTEERI
TARTTUVA
SYDÄN
KEHO
KROONINEN
HEIKKO
PERINNÖLLINEN

IMMUNITEETTI
TULEHDUS
LUMBALE
NEUROPATIA
LUUT
KEUHKO
HENGITYS
TERVEYS
SYNDROOMA
TERAPIA

# 64 - Aquecimento Global

```
S  U  U  S  I  A  V  E  L  U  T  S  K  A  B
U  N  O  B  L  L  P  I  V  Y  Y  U  E  R  N
T  T  S  K  M  V  F  M  H  J  L  K  H  K  C
I  Ö  S  J  A  I  G  R  E  N  E  U  I  T  L
L  T  W  K  S  H  U  O  M  I  O  P  T  I  H
L  N  P  C  T  Q  H  B  J  W  Z  O  Y  N  R
A  Ä  F  P  O  Y  A  L  O  J  Q  L  S  E  R
H  D  O  D  V  B  N  I  V  I  G  V  E  N  T
J  Ä  I  N  D  U  S  T  R  I  A  I  I  H  I
V  Ä  E  S  T  Ö  T  S  I  R  Ä  P  M  Y  E
C  S  M  E  R  K  I  T  T  Ä  V  Ä  E  G  D
V  N  K  A  A  S  U  F  N  U  B  C  D  D  O
T  I  S  I  I  R  K  K  M  L  V  T  E  T  T
F  A  L  Ä  M  P  Ö  T  I  L  A  T  I  R  C
S  L  K  S  K  V  A  J  Z  A  B  J  T  G  W
```

| | |
|---|---|
| NYT | TULEVAISUUS |
| YMPÄRISTÖ | KAASU |
| HUOMIO | SUKUPOLVI |
| ARKTINEN | HALLITUS |
| TIEDEMIES | INDUSTRI |
| ILMASTO | LAINSÄÄDÄNTÖ |
| KRIISI | VÄESTÖ |
| TIEDOT | MERKITTÄVÄ |
| KEHITYS | LÄMPÖTILAT |
| ENERGIA | |

# 65 - Aviões

```
T N E N I M A T N E K A R T U
M A N S E I K K A I L U L U T
E I I T T O L I P V Z C A R K
I R A V J K V E T Y Q A S B S
L O O L A Z I L M A K E K U I
M T T C D S S U U N T A U L L
A S T B I U N C B M M A M E M
P I L F O E D B L S I N K N A
A H O B G K E K E I E D L S I
L H P P I R D E P W H Q T S N
L R R R V O U Y A N I D F I E
O T F C A K Y M V F S S Ä Ä N
P N L R N I N R C H T Y I J V
M A T K U S T A J A Ö K F C M
M O O T T O R I B P G M W R M
```

KORKEUS
ILMA
LASKU
ILMAINEN
SEIKKAILU
ILMAPALLO
TAIVAS
POLTTOAINE
RAKENTAMINEN
SUUNTA

VETY
HISTORIA
MOOTTORI
NAVIGOIDA
MATKUSTAJA
PILOTTI
SÄÄ
MIEHISTÖ
TURBULENSSI

# 66 - Tipos de Cabelo

```
U T T D M V Ä R I L L I N E N
S L E P U W C K C Y R Y I Q R
T B R I S W U L U S K A P Y Y
D L V T T B T D J I G V B O K
K Z E K A A M R A H V W M N A
I S K Ä P E H M E Ä G A L K L
I H O P E A V A A L E A T R J
L O V P A A L T O I L E V A U
T H U F N R K K M G I K H Y O
Ä U J Z E Q A S I J O S Z D Z
V T E F N J S H P H R U K U O
Ä N H C A P O M I N A R S V A
V A L K O I N E N K N R Y E N
J C C M K P U N O T T U A B D
P M Y L Z F P H P O Y W R T U
```

| | |
|---|---|
| VALKOINEN | PITKÄ |
| KIILTÄVÄ | RUSKEA |
| KIHARAT | AALTOILEVA |
| KALJU | HOPEA |
| HARMAA | MUSTA |
| VÄRILLINEN | TERVE |
| KIHARA | KUIVA |
| OHUT | PEHMEÄ |
| PAKSU | PUNOTTU |
| VAALEA | PUNOS |

# 67 - Criatividade

```
D R A M A A T T I N E N D V S
Z S U U V E S K O U J Y L A P
L P E I N N O I T U S P O I O
B V S L K E K S E L I Ä S K N
D G U C K U T T U U G I V U T
W V T T A E G G O K E N T T A
T A I T O I Y O I A L U U E A
K V V V C B T S T C I E N L N
N U U D I T O O I L N F N M I
P K K B P S B E U C V S E A O
U S I A M L I T T S O U E B J
B E L H C C Z O N M I Q L J K
O R E K U F Z L I P M V Y U Y
D S I W M H T N T A W V W R
Q S M V B N R F D W A W D W J
```

AITOUS
SELKEYS
DRAMAATTINEN
SPONTAANI
ILMAISU
JUOKSEVUUS
TAITO
KUVA

MIELIKUVITUS
VAIKUTELMA
INNOITUS
INTUITIO
KEKSELIÄS
TUNNE
VISIOITA
ELINVOIMA

# 68 - Dias e Meses

```
V K U U K A U S I N W P K V H
P I L U U K I T H U H E A U E
Q A I U U K Ä S E K P R L O I
C T U K U H F S W F K J E S N
P S U U K I M L E H N A N I Ä
P R K L A O S M G R Y N T A K
U O S U K K S U N K P T E T U
U T A O O V E Z N T D A R N U
K N R J L Y I E B N U I I A A
I L R S K D A T L L U P E U T
M A A N A N T A I O I N N A K
M Y M S Y Y S K U U K K T L Y
A R G Y J B I U D W P U V A Z
T G U I K A I T D I L B U B I
U R I O M N T C I I Y V G P F
```

HUHTIKUU      KUUKAUSI
ELOKUU        MARRASKUU
VUOSI         LOKAKUU
KALENTERI     TORSTAI
JOULUKUU     LAUANTAI
SUNNUNTAI    MAANANTAI
HELMIKUU     VIIKKO
TAMMIKUU    SYYSKUU
HEINÄKUU    PERJANTAI
KESÄKUU     TIISTAI

# 69 - Saúde e Bem Estar #2

```
A  T  K  W  H  R  T  I  N  F  E  K  T  I  O
L  A  A  F  I  U  E  H  Y  G  I  E  N  I  A
L  D  L  R  E  O  R  Z  S  U  I  P  E  Q  V
E  A  O  A  R  K  V  O  F  Q  F  U  H  W  Y
R  B  R  I  O  A  E  M  C  Y  D  Q  D  H  B
G  S  I  N  N  H  E  L  P  Y  M  I  N  E  N
I  U  A  I  T  A  K  K  I  I  T  E  N  E  G
A  A  I  I  A  L  Q  O  R  Y  D  V  S  V  M
K  R  G  M  R  U  P  C  E  S  Y  E  U  N  I
E  I  R  A  L  A  Y  U  V  E  D  P  A  O  E
H  A  E  T  I  K  A  I  M  O  T  A  N  A  L
O  S  N  I  T  S  T  L  U  N  N  I  B  U  I
G  H  E  V  U  T  R  V  A  V  L  N  P  R  A
V  R  U  O  K  A  V  A  L  I  O  O  K  M  L
R  U  O  A  N  S  U  L  A  T  U  S  C  P  A
```

| | |
|---|---|
| ALLERGIA | HYGIENIA |
| ANATOMIA | SAIRAALA |
| RUOKAHALU | MIELIALA |
| KALORI | INFEKTIO |
| KEHO | HIERONTA |
| RUOKAVALIO | PAINO |
| RUOANSULATUS | ELPYMINEN |
| SAIRAUS | VERI |
| ENERGIA | TERVE |
| GENETIIKKA | VITAMIINI |

# 70 - Geografia

```
U Z M A H S A A R I P P K G Q
B N O A E E R I J M I O F Y K
J K H U A T T R A K T H O M O
J O K I M S A E H K U J R A R
E J V R L A S M B A U O E A K
A P O O I S A A M U S I T N E
N L I U A Y L T E P A N E O U
P Y U V A E T L R U S E L S S
B S M E M V A A I N T N Ä A J
Y Z F O S E Q V D K E W U L W
V F H K J L Y A I I S N Ä L E
H A L V K U L E A A D C S F M
N V I Z G M N K A C S Q Y B E
B T Y Y S B C L N P R E B A R
U R K G K U N O I H S E I L I
```

| | |
|---|---|
| KORKEUS | MERIDIAANI |
| ATLAS | VUORI |
| KAUPUNKI | MAAILMA |
| MAANOSA | POHJOINEN |
| HALVKULE | VALTAMERI |
| SAARI | LÄNSI |
| LEVEYSASTE | MAASSA |
| PITUUSASTE | ALUE |
| KARTTA | JOKI |
| MERI | ETELÄ |

# 71 - Antártica

```
R N U M Q Y F K D Z P W N N Y
M E L C V C Q I S E V L I E M
U N T I N I I V G N I P E N P
U I T K E D E I T N A A M I Ä
T M M U I S V N T V R R I L R
T Ä A K T K T E R A A S M L I
O T A W H K U N K J C A A E S
C T N O A U I N L R I L A E T
P Y O U L N L J T J H A F T Ö
N L S J A D K T A A F V G E K
Q I A R Ä M I N E R A A L I O
Q Ä Y E R Ä I S B R E E R T P
C S A U J S N R J Y K I M N U
L Ä M P Ö T I L A F Q Y J A P
T O P O G R A F I A A Y Q Z S
```

| | |
|---|---|
| YMPÄRISTÖ | MAANTIEDE |
| VESI | SAARET |
| LAHTI | TUTKIJA |
| VALAS | MUUTTO |
| TIETEELLINEN | MINERAALI |
| SÄILYTTÄMINEN | NIEMIMAA |
| MAANOSA | PINGVIINIT |
| RETKIKUNTA | KIVINEN |
| ISBREER | LÄMPÖTILA |
| JÄÄN | TOPOGRAFIA |

# 72 - Flores

```
H Y N P H B D L E G W S B B O
I G N I Z W R A I R E M U L P
B Q J O K S J L Z L U D S R A
I T Y N L T G I T A J P U I U
S A M I I K T P P Z Q A U Q R
C I N I I M S A J P Q G R O I
U H H E L D C L Q F L O F C N
S O T O A I N E D R A G P U G
E A R A K K A K N Ä V I Ä P O
H A K K U K I O V W E A B P N
L B A Q B L I E H W N E L M K
O R K I D E A N L W T C Y I U
M A G N O L I A U F E G P K K
T U L P P A A N I C L O E C K
T E R Ä L E H T I R I T E J A
```

KIMPPU

VOIKUKKA

GARDENIA

AURINGONKUKKA

HIBISCUS

JASMIINI

LAVENTELI

LIILA

LILJA

MAGNOLIA

PÄIVÄNKAKKARA

ORKIDEA

UNIKKO

PIONI

TERÄLEHTI

PLUMERIA

RUUSU

APILA

TULPPAANI

# 73 - Fazenda #1

```
B Y V E Q A K I S M Q M R G F
W C Z E S A A T I A R I O K D
F H C N S H U S R A B M C G D
Z Y T Ä N I E H I T U R N N F
L A N N O I T E H A P I H W W
H K K O D G U S O L P A R V I
U K I E O Z A D U O E S R D W
N I T P N W C D V U H S E S H
A S K B E T P B D S R I I S I
J A A G N E T E D Q G K A U J
A V N M O M U Ä M H E L M C F
Y W A U V A R I S M Y C N V K
J W P S E M E H I L Ä I N E N
S O L P H D K D V B T R M V G
M N B U L K L F D N M I R M Z
```

| | |
|---|---|
| MEHILÄINEN | AITA |
| MAATALOUS | VARIS |
| RIISI | HEINÄ |
| VESI | LANNOITE |
| VASIKKA | KANA |
| AASI | KISSA |
| VUOHI | HUNAJA |
| KENTTÄ | SIKA |
| HEVONEN | PARVI |
| KOIRA | LEHMÄ |

# 74 - Livros

```
L E H Z J R S I V U R D S U B
U E J N I U V G E S W P K I W
K P V F V N D T G S E A R T O
I P S A S O W L W U Y K I A V
J I H A R U G Ä S U L K F R S
A N O M N S E F J S J O T I K
H E B L M A B G F I J N L N L
V N Z E Z S T T S A K T I A K
L L G O A V L R U N O E G S E
M E R K K I U O T I C K T A R
F D E O W P R P A S R S O R T
S C O K D U B O M K Z T U J O
R O M A A N I B W A G I Q A J
K E K S E L I Ä S K T Q D A A
P R E L E V A A N T I A P D U
```

TEKIJÄ              KERTOJA
KOKOELMA            SANAT
KONTEKSTI           SIVU
KAKSINAISUUS        MERKKI
SKRIFTLIG           RUNO
EEPPINEN            RUNOUS
TARINA              RELEVAANTIA
KEKSELIÄS           ROMAANI
LUKIJA              SARJA

# 75 - Chocolate

```
E  U  Q  R  A  Z  S  P  L  B  V  J  R  Y  Y
H  E  R  K  U  L  L  I  N  E  N  M  Y  D  Y
Z  E  M  A  K  E  A  L  C  W  O  N  A  Q  E
O  F  L  T  I  H  S  L  A  L  W  S  M  K  C
K  S  C  Ä  M  U  O  S  I  R  O  L  A  K  U
J  A  C  N  Y  A  S  K  R  R  O  G  L  D  Q
D  A  T  I  L  J  E  A  B  K  A  M  A  J  N
E  R  H  K  W  C  N  R  S  O  K  A  I  V  R
K  T  V  H  E  T  I  A  U  K  A  H  Z  P  V
S  I  M  Ä  S  R  A  M  O  O  A  E  N  E  D
O  S  Z  P  D  T  A  E  S  S  K  A  L  D  H
T  A  F  A  G  J  F  L  I  N  S  Y  Ö  D  Ä
I  N  S  A  F  G  O  L  K  Ø  L  A  A  T  U
S  A  K  M  R  G  C  I  K  T  O  U  O  K  C
K  L  S  O  K  E  R  I  I  T  P  E  S  E  R
```

| | |
|---|---|
| SOKERI | HERKULLINEN |
| KATKERA | MAKEA |
| MAAPÄHKINÄT | EKSOTISK |
| AROMI | SUOSIKKI |
| ARTISANAL | MAKU |
| KAAKAO | AINESOSA |
| KALORI | JAUHE |
| KARAMELLI | LAATU |
| KOKOSNØTT | RESEPTI |
| SYÖDÄ | |

# 76 - Governo

```
S U A P A V L U E H J A N G K
U J O P U F T A L Q W F E W E
U D F O O H H S K O B Y N Z S
S D B L E R E Q V I I B I L K
I M G I L S T T E R T O L B U
A A K T F Q W A L T T I L J S
L I H I L I I V I S N K A T T
A T L I L N O W L D E E S A E
S A E K Q S P Z F D M U N S L
N R J K D M R W K O U S A A U
A K G A T N U K A S N A K A P
K O N S T I T U S J O N C R I
T M J M R H M B J F M I S V I
A E I I P S O V A L T I O O R
Y D R Z C O B J T F Z S O A I
```

KANSALAISUUS
SIVIILI-
KONSTITUSJON
DEMOKRATIA
PUHE
KESKUSTELU
PIIRI
VALTIO
TASA-ARVO

RETTSLIG
OIKEUS
LAKI
VAPAUS
JOHTAJA
MONUMENTTI
KANSALLINEN
KANSAKUNTA
POLITIIKKA

# 77 - Jardinagem

```
S  J  Y  Ä  V  Ä  T  Ö  Y  S  E  B  Z  J  P
P  U  U  N  L  E  H  T  I  Ä  K  V  Z  R  K
S  W  P  J  O  V  K  I  B  I  S  E  V  S  U
C  N  R  P  K  R  Q  J  J  L  O  W  K  I  K
H  C  J  P  M  Q  V  A  N  I  T  R  O  E  K
L  E  T  K  U  I  Y  L  V  Ö  I  E  M  M  A
O  C  K  G  S  A  K  I  L  Y  S  A  P  E  K
K  A  U  S  I  J  M  D  H  V  K  K  O  N  O
L  E  H  T  I  E  N  A  G  W  B  S  S  E  S
E  N  R  I  J  O  T  S  A  M  L  I  T  T  T
J  J  A  L  E  N  Z  Q  G  P  R  M  I  S  E
O  P  A  H  R  A  T  Ä  M  L  E  D  E  H  U
V  J  J  Z  H  A  I  I  C  N  Z  R  S  K  S
N  W  B  P  C  K  L  N  E  M  D  I  Ä  S  G
Z  E  A  G  F  C  U  P  Y  S  C  F  J  D  D
```

| | |
|---|---|
| VESI | LEHTIEN |
| KIMPPU | LETKU |
| ILMASTO | HEDELMÄTARHA |
| SYÖTÄVÄ | SÄILIÖ |
| KOMPOSTI | KAUSI |
| LAJIT | SIEMENET |
| EKSOTISK | MAAPERÄ |
| KUKKA | LIKA |
| PUUN LEHTI | KOSTEUS |

# 78 - Profissões #2

```
I  T  T  O  L  I  P  B  D  U  N  K  D  Ä  K
F  N  D  Ä  O  P  E  T  T  A  J  A  D  V  U
J  L  S  J  P  U  U  T  A  R  H  U  R  I  V
W  Ä  M  I  G  R  U  R  I  K  F  C  F  S  I
W  Ä  N  S  N  T  U  T  K  I  J  A  I  T  T
A  K  W  K  D  Ö  Y  R  F  D  C  L  L  E  T
J  Ä  U  E  I  I  Ö  I  U  K  E  H  O  W  A
A  R  A  K  H  Z  H  R  S  S  P  A  S  Z  J
T  I  O  K  K  I  T  I  I  L  O  P  O  U  A
T  A  I  D  E  M  A  A  L  A  R  I  F  Q  S
I  F  T  D  J  B  I  O  L  O  G  I  I  W  Q
M  A  S  T  R  O  N  A  U  T  T  I  C  K  H
I  H  A  M  M  A  S  L  Ä  Ä  K  Ä  R  I  F
O  V  A  L  O  K  U  V  A  A  J  A  O  V  O
T  V  I  L  J  E  L  I  J  Ä  S  C  U  Y  I
```

VILJELIJÄ
ASTRONAUTTI
BIOLOGI
KIRURGI
HAMMASLÄÄKÄRI
ETSIVÄ
INSINÖÖRI
FILOSOFI
VALOKUVAAJA
KUVITTAJA

KEKSIJÄ
TUTKIJA
PUUTARHURI
TOIMITTAJA
LÄÄKÄRI
PILOTTI
TAIDEMAALARI
POLIITIKKO
OPETTAJA

# 79 - Negócios

```
M  S  A  D  H  E  T  O  B  C  R  U  T  T  S
Ä  J  I  K  E  T  N  Ö  Y  T  A  Z  A  Y  F
U  I  C  J  E  O  P  H  J  S  H  F  V  Ö  H
O  L  R  V  O  T  T  I  O  V  O  K  A  N  W
O  E  F  N  I  I  B  V  S  E  I  V  R  A  G
Q  B  N  Q  V  P  T  U  D  P  T  B  A  N  I
I  T  P  S  O  Z  U  U  D  L  U  G  H  T  S
V  A  L  U  U  T  T  A  S  S  S  S  A  A  Y
M  L  K  N  Y  H  T  I  Ö  G  J  S  R  J  M
Y  M  S  N  O  H  V  S  U  N  N  E  L  A  Y
Y  U  U  A  Y  Q  S  W  H  O  K  J  T  M  Y
N  B  O  T  S  I  M  I  O  T  J  M  Y  T  M
T  C  L  S  U  R  A  V  E  R  O  T  F  T  Ä
I  I  A  U  T  U  L  O  D  C  V  W  A  Z  L
Q  H  T  K  E  E  J  E  K  A  O  F  N  K  Ä
```

| | |
|---|---|
| URA | RAHOITUS |
| KUSTANNUS | VEROT |
| ALENNUS | SIJOITUS |
| RAHA | MYYMÄLÄ |
| TALOUS | VOITTO |
| TYÖNTEKIJÄ | TAVARA |
| TYÖNANTAJA | VALUUTTA |
| YHTIÖ | BUDSJETT |
| TOIMISTO | TULO |
| TEHDAS | MYYNTI |

# 80 - Fazenda #2

```
M E H I L Ä I S P E S Ä R J Q
H E D E L M Ä T A R H A M E J
N O A N V R W V I H A N N E S
Y W S U Z B Z V L G O T A L B
A C T K A Ä M L E D E H W L K
M A I T O Y L C D P I C R H V
H T R B I J Y A Y U B Y L A I
T R A K T O R I M N A E A K L
E T K V P N Y E S M H D D K J
A Z U Y R I A L Y S A U U N E
Ä N H E V I H Ä Q C I S D A L
S I E D U T O I L R H A H B I
P G W R F T D M F B S Q M W J
Y C L N C Y N E M I A P T A Ä
K A S T E L U T L A A M A E I
```

VILJELIJÄ
ELÄIMET
LATO
OHRA
MEHILÄISPESÄ
KARITSA
HEDELMÄ
KASTELU
MAITO
LAAMA

KYPSÄ
MAISSI
LAMMAS
PAIMEN
ANKKA
HEDELMÄTARHA
NIITTY
TRAKTORI
VEHNÄ
VIHANNES

# 81 - Jardim

```
S  K  L  L  F  R  B  M  N  E  I  M  P  M  C
P  U  P  A  T  I  A  O  A  L  O  H  O  U  R
R  I  E  H  M  I  G  K  G  A  I  S  N  M  S
I  S  N  R  I  P  R  K  E  K  P  S  B  V  B
I  T  K  A  R  J  I  I  F  S  A  E  M  S  T
P  I  K  T  R  N  L  M  U  U  L  R  R  T  R
P  T  I  Ä  Y  B  L  R  B  P  E  G  B  Ä  A
U  R  Y  M  H  C  A  U  U  P  Z  U  U  Z  M
M  Z  Y  L  P  U  T  N  K  U  K  K  A  R  P
A  S  R  E  S  V  O  D  O  O  P  P  L  W  O
T  U  F  D  W  U  T  P  S  K  L  L  B  K  L
T  I  K  E  B  S  U  U  M  S  W  I  J  Z  I
O  T  H  H  N  R  A  T  E  R  A  S  S  I  I
P  U  U  T  A  R  H  A  S  W  Y  D  I  R  N
J  B  O  E  W  Q  U  G  P  L  E  T  K  U  I
```

| | |
|---|---|
| RAKE | PUUTARHA |
| PUSKA | LAMPI |
| PUU | RIIPPUMATTO |
| PENKKI | LETKU |
| AITA | LAPIO |
| UGRESS | HEDELMÄTARHA |
| KUKKA | MAAPERÄ |
| AUTOTALLI | TERASSI |
| RUOHO | TRAMPOLIINI |
| NURMIKKO | KUISTI |

# 82 - Política

```
Y A S N M I J H E O F L T V I
M J G E O U A N A E T I M O K
O A J N A P M A K L U M Z O B
P O L I T I I K K A L P J T C
L K S L O E C W S B A I W A E
A K U L R E H A K K I I T E E
U I O A E R Z D G C G V Q U G
S T S S V T O S O B E E N V S
U I I N G J Z A I K T I E O U
N I O A O V R A A S A T U I A
T L U K O P S L T L R S V T P
O O P A K T I V I S T I O T A
I P Q V A L I N T A S G S O V
N H Z U A D C D K H W D T B C
G C F W I U S J I F G I O Z G
```

| | |
|---|---|
| AKTIVISTI | TASA-ARVO |
| KAMPANJA | VEROT |
| EHDOKAS | VAPAUS |
| KOMITEA | KANSALLINEN |
| NEUVOSTO | LAUSUNTO |
| VALINTA | POLITIIKKA |
| STRATEGIA | POLIITIKKO |
| ETIIKKA | SUOSIO |
| HALLITUS | VOITTO |

# 83 - Oceano

```
E I G L Y K S R Y M W Q L H Y
V R W E W S O H A C J J J S R
B E R Y N I W R K O O I K A M
W T N F S F M G A L O U S I L
N S P E I N L S S L A B I R S
G O O B E U S B B Y L T R E N
W V H A N T Ä V E L A I K K N
J W R C I K I L P I K O N N A
R M U S T E K A L A V A L A S
A S Q D E L F I I N I L F P U
P T E N A M I S P P W T G N F
U Z T T I D E V A N N L V P G
Y M T U V A R A K T A K R H N
J W Q W I K H U P J Q G R Q C
M Y N Y M R A W N V H A I E R
```

| | |
|---|---|
| LEVÄT | TIDEVANN |
| TUNFISK | MANET |
| VALAS | OSTERI |
| VENE | KALA |
| KATKARAVUT | MUSTEKALA |
| RAPU | RIUTTA |
| KORALLI | SUOLA |
| ANKERIAS | KILPIKONNA |
| SIENI | MYRSKY |
| DELFIINI | HAI |

# 84 - Profissões #1

```
A J A T I O H L M M K Y P M P
J S E I M I R E M U A T A E A
I H I K J N D Ä V U R I L T N
S D O A W N A P C S T E O S K
S V I E N N U P G I O D M Ä K
N R Ø T K A D E R K G E I S I
A G Q W G Q J S D K R M E T I
T I A N J D Z A R O A I S Ä R
C B H N G L R T J N F E U J I
C C H H E C H L N A I S W Ä G
I D Q A M B P U E M I V P J O
G T S E I M I K T U P Y W R L
U R H E I L I J A F Z O U M O
R Ä Ä T Ä L Ö I D Ä M D D Y E
T A I T E I L I J A Y P G F G
```

ASIANAJAJA
RÄÄTÄLÖIDÄ
TAITEILIJA
URHEILIJA
PANKKIIRI
PALOMIES
METSÄSTÄJÄ
KARTOGRAFI
TIEDEMIES

TANSSIJA
REDAKTØR
PUTKIMIES
HOITAJA
GEOLOGI
KULTASEPPÄ
MERIMIES
MUUSIKKO

# 85 - Força e Gravidade

```
C  J  P  U  R  K  B  A  E  D  D  M  B  K  L
J  Ö  A  N  B  S  U  N  N  E  J  A  A  L  D
O  T  I  L  L  U  L  E  G  I  O  G  Z  I  Y
L  S  N  E  T  E  P  U  V  J  O  N  B  F  N
E  I  O  A  N  P  J  N  L  Y  H  E  R  K  A
T  E  I  A  S  O  C  Z  G  A  K  T  I  K  A
Ä  T  D  K  V  N  A  I  K  A  Z  I  L  W  M
I  N  P  K  E  A  A  T  S  U  K  S  E  K  I
S  I  S  I  M  K  I  Z  Z  D  S  M  S  L  N
Y  I  P  I  G  K  N  K  M  M  C  I  K  Z  E
Y  K  P  N  F  I  T  Q  U  U  N  K  A  T  N
S  J  B  A  Z  I  D  S  H  T  L  Ö  Y  T  Ö
N  I  P  K  K  S  U  U  R  U  U  S  Y  N  P
W  J  Z  E  R  Y  P  A  I  N  E  S  U  P  Z
A  V  S  M  P  F  Y  L  E  I  S  T  Ä  I  U
```

| | |
|---|---|
| KITKA | SUURUUS |
| KESKUSTA | MEKANIIKKA |
| LÖYTÖ | LIIKE |
| DYNAAMINEN | PAINO |
| ETÄISYYS | PAINE |
| AKSELI | KIINTEISTÖ |
| LAAJENNUS | NOPEUS |
| FYSIIKKA | AIKA |
| VAIKUTUS | YLEISTÄ |
| MAGNETISMI | |

# 86 - Ciência

```
H P A I N O V O I M A M O F L
T Y R C I A I S A I S O T Y U
I E P U B G L Y R M L L N S O
E V M O T S A M L I N E I I N
D O E I T S A I N W L K A I T
O L N R I E R I G R Q Y V K O
T U E O V I E M H G Y Y A K E
P U T T S M N S C I D L H A L
J T E A A E I I I L U I P U M
H I L R K D M N H I A K W L L
K O M O C E Z A T I K T S A P
D G Ä B P I I G Z S J O O E K
E V B A B T M R E S M Q K M T
O Z O L I P R O W O C V U L I
P R E L M K H Q W F H H T C A
```

| | |
|---|---|
| ATOMI | LABORATORIO |
| TIEDEMIES | MENETELMÄ |
| ILMASTO | MINERAALI |
| TIEDOT | MOLEKYYLI |
| EVOLUUTIO | LUONTO |
| TOSIASIA | HAVAINTO |
| FYSIIKKA | ORGANISMI |
| FOSSIILI | HIUKSET |
| PAINOVOIMA | KASVIT |
| HYPOTEESI | |

# 87 - Comida #1

```
V G A I L M Z J G W U D A F D
A O E B A N A K K R O P P W R
L T A K K I S N A M H E R C B
K I T T A A L A S T R Q I B M
O A O F L N U K C Z A V K K A
S M M G O U E I R R W Q O A A
I K C S U U C L S S D D O K P
P P C H S R Q I I O U U S K Ä
U Y O J P T M S R L A P I U H
L H I G E I O A U B U S P H K
I U W J F S C B A P K P B E I
R K Y Z K S I F N U T M I M N
V O Y Y M O D Q L F H F A S Ä
A B F U Q N B D I F R R K H Y
S O K E R I T T A A N I P F C
```

SOKERI
VALKOSIPULI
MAAPÄHKINÄ
TUNFISK
KAKKU
KANELI
SIPULI
PORKKANA
OHRA
APRIKOOSI

PINAATTI
MAITO
SITRUUNA
BASILIKA
MANSIKKA
NAURIS
SUOLA
SALAATTI
SUPPE
MEHU

# 88 - Geometria

```
U  S  S  P  S  U  U  V  U  T  T  O  L  U  F
R  E  Y  V  A  A  K  A  E  E  K  U  L  M  A
I  G  M  Q  S  D  A  Q  M  O  Z  D  D  O  G
N  M  M  J  S  U  T  T  E  R  D  D  O  L  H
N  E  E  W  A  A  K  K  I  I  G  O  L  G  J
A  N  T  U  M  V  F  O  W  A  T  N  I  P  F
K  T  R  V  C  B  M  I  L  Y  K  Ä  Y  R  Ä
K  T  I  Y  N  K  B  H  U  M  H  S  I  Z  J
A  I  A  K  O  R  K  E  U  S  I  T  B  D  M
I  Y  C  M  E  D  I  A  A  N  I  O  Ä  F  T
N  L  A  S  K  E  M  I  N  E  N  B  R  L  W
E  T  W  D  K  O  I  C  I  R  Z  U  Y  V  Ö
N  V  E  F  O  S  N  L  G  C  Y  A  P  O  L
O  V  O  J  K  A  I  Y  Q  V  V  F  M  I  M
H  A  L  K  A  I  S  I  J  A  W  B  Y  P  S
```

| | |
|---|---|
| KORKEUS | MASSA |
| KULMA | MEDIAANI |
| LASKEMINEN | RINNAKKAINEN |
| YMPYRÄ | OSA |
| KÄYRÄ | SEGMENTTI |
| HALKAISIJA | SYMMETRIA |
| ULOTTUVUUS | PINTA |
| YHTÄLÖ | TEORIA |
| VAAKA | KOLMIO |
| LOGIIKKA | LODDRETT |

# 89 - Pássaros

```
P E K A V M F F M B E B N N R
A K Y N A K L F E A V P I I Z
P A Y E R P A N U M O Q N O H
U W H N I V M O P J H S A G F
K P K U S E I K Ä K A T A J Z
A I Y P Y L N U K R I K K O L
I N N R E N G H O Q K P U E J
J G E A J L O W T C A U O T J
A V N V H T I K K A R K T O N
N I A N K K A K A C A A G R P
Z I S T U R T S A O S N E K K
L N L S C D I K T A B A A I U
M I J O U T S E N O N C V R N
R I I K I N K U K K O I K H U
H A N H I K A N A R I F U G L
```

STRUTSI          HANHI
KOTKA            MUNA
KANARIFUGL       PAPUKAIJA
HAIKARA          VARPUNEN
JOUTSEN          ANKKA
VARIS            RIIKINKUKKO
KÄKI             PELIKAANI
FLAMINGO         PINGVIINI
KANA             KYYHKYNEN
LOKKI            TOUKAANIN

# 90 - Literatura

```
B T G S L D U A U G T W K I L
O A A R O F A T E M Y B T U A
V N K I P V M T J I Y Z N H U
E A U W P S E W D U L B K I S
R L V R U A E I D F I R L W U
T Y A W S J T Q A I I G I K N
A Y U R O O Z F I V A F T D T
I S S Z I T E K I J Ä L T A O
L I M A N R P Y I U M G O I K
U T B J T E U F W F L P O G C
G R Y M U K S F D B E V D O Y
E L Ä M Ä K E R T A T B K L M
R O M A A N I E R W Ä J E A J
F I K T I O T A C J Ä B N N M
G W L R Y T M I L Q P E A A A
```

ANALOGIA

ANALYYSI

ANEKDOOTTI

TEKIJÄ

ELÄMÄKERTA

VERTAILU

PÄÄTELMÄ

KUVAUS

DIALOG

TYYLI

FIKTIOTA

METAFORA

KERTOJA

LAUSUNTO

RUNO

LOPPUSOINTU

RYTMI

ROMAANI

TEEMA

# 91 - Química

```
E  M  P  J  M  P  V  Y  M  H  O  U  K  V  K
B  L  O  P  P  A  H  N  O  E  Q  O  R  H  V
M  J  E  L  S  A  S  E  L  N  O  D  M  V  G
U  V  K  K  E  Q  Y  S  W  U  S  A  A  K  W
T  E  A  L  T  K  S  T  P  N  J  U  K  Q  B
G  T  T  Ä  M  R  Y  E  O  P  I  N  O  I  K
E  Y  A  M  T  B  O  Y  H  Ö  P  M  Ä  L  C
N  N  L  P  Q  L  I  N  L  W  P  I  Q  I  A
T  U  Y  Ö  P  V  Z  M  I  I  A  B  F  I  K
S  R  S  T  O  O  Z  G  G  C  H  V  L  H  E
Y  Y  A  I  A  R  O  I  D  K  I  D  Y  G  B
Y  D  T  L  Y  K  N  E  N  I  S  K  Ä  M  E
M  I  O  A  J  T  I  T  N  E  M  E  L  E  O
I  N  R  O  R  G  A  A  N  I  N  E  N  R  G
S  L  J  I  U  L  P  K  L  O  O  R  I  G  Y
```

| | |
|---|---|
| EMÄKSINEN | VETY |
| HAPPO | IONI |
| LÄMPÖ | NESTE |
| HIILI | MOLEKYYLI |
| KATALYSATOR | YDIN |
| KLOORI | ORGAANINEN |
| ELEMENTIT | HAPPI |
| ELEKTRONI | PAINO |
| ENTSYYMI | SUOLA |
| KAASU | LÄMPÖTILA |

# 92 - Clima

```
U  K  P  Q  O  S  C  W  A  V  I  U  K  L  Q
N  K  B  D  S  Z  A  G  O  V  N  W  B  Ä  U
E  M  K  M  J  S  U  U  V  I  U  K  K  M  I
M  J  Y  O  Y  J  Ä  Ä  N  L  U  G  K  P  C
L  S  J  Y  N  R  W  W  L  M  S  W  Y  Ö  P
F  J  S  I  Y  E  S  O  D  A  N  R  O  T  L
D  M  M  Q  F  C  N  K  C  S  O  N  C  I  R
U  N  P  O  L  A  R  Q  Y  T  M  E  E  L  A
U  E  B  N  E  N  I  P  P  O  O  R  T  A  S
M  N  T  A  I  V  A  S  T  S  T  V  K  M  I
W  I  V  L  I  P  Q  O  P  U  U  C  P  A  C
S  A  T  E  E  N  K  A  A  R  I  M  K  L  S
I  M  L  A  N  E  N  I  L  L  A  H  U  A  R
I  L  U  U  T  K  R  G  C  Y  R  R  G  S  L
V  I  N  A  A  K  I  R  R  U  H  P  I  N  O
```

| | |
|---|---|
| SATEENKAARI | POLAR |
| ILMAINEN | SALAMA |
| RAUHALLINEN | KUIVUUS |
| TAIVAS | KUIVA |
| ILMASTO | LÄMPÖTILA |
| HURRIKAANI | MYRSKY |
| JÄÄN | TORNADO |
| MONSUUNI | TROOPPINEN |
| SUMU | UKKONEN |
| PILVI | TUULI |

# 93 - Tecnologia

```
K  H  T  P  Y  W  Y  Q  V  I  R  U  S  E  G
F  A  U  I  O  H  J  E  L  M  I  S  T  O  P
O  A  M  N  E  N  I  L  A  A  U  T  R  I  V
N  O  U  E  D  D  G  J  D  W  J  T  R  N  O
T  S  H  B  R  B  O  T  Q  V  L  O  U  Ä  V
T  U  V  K  F  A  L  T  A  N  D  T  U  Y  T
I  M  U  L  S  C  B  E  C  T  I  S  U  T  I
T  I  E  T  O  K  O  N  E  A  T  A  J  T  E
J  K  O  J  K  V  F  R  K  V  S  L  L  Ö  D
D  T  B  S  I  Z  J  E  J  U  E  I  S  E  O
Y  U  W  N  E  F  J  T  I  A  I  T  Z  E  S
F  T  Z  I  A  N  E  N  L  N  V  E  F  W  T
D  M  U  Q  D  C  B  I  R  O  S  R  U  K  O
D  T  U  R  V  A  L  L  I  S  U  U  S  J  Y
G  D  I  G  I  T  A  A  L  I  N  E  N  J  D
```

| | |
|---|---|
| TIEDOSTO | INTERNET |
| BLOGI | VIESTI |
| TAVUA | SELAIN |
| KAMERA | TUTKIMUS |
| TIETOKONE | TURVALLISUUS |
| KURSORI | OHJELMISTO |
| TIEDOT | NÄYTTÖ |
| DIGITAALINEN | VIRTUAALINEN |
| TILASTOT | VIRUS |
| FONTTI | |

# 94 - Diplomacia

```
T F L N Q Z V U G Ö P G J Q Q
A U P Ä Ä T Ö S J S O E H U Y
J H R C J Z I T K I L F N O K
N A S V K U W E H E I Z N K U
A L O V A D K S H T T W E E L
P L P T H L B D Ö H I U U S K
M I I B F U L M Y Y I I V K O
A T M A K K I I T E K U O U M
K U U Q W R I L S B K D N S A
Y S S H W Y I E I U A A A T I
E R E G R O B I E A U H N E N
B H G U S I A K T A R S T L E
Q Q E Z Q F A O H Q N H A U N
Z T Z Y R A B C Y Q Q R J A F
D Q H J S U E K I O D A A Z R
```

KAMPANJAT          HALLITUS
BORGERE            EHEYS
YHTEISÖ            OIKEUS
KONFLIKTI          KIELI
NEUVONANTAJA       POLITIIKKA
YHTEISTYÖ          PÄÄTÖS
KESKUSTELU         TURVALLISUUS
ULKOMAINEN         RATKAISU
ETIIKKA            SOPIMUS

# 95 - Comida # 2

```
Q V Y F Y S M I Q N M O M Y A
M A N T E L I S I I R A V C R
F P A R S A K A A L I O L K T
D W N C L O S I O K A N U M I
M O U M P G U V T A J E G I S
S R M A V T C I J N O J V L O
O I D M S E O I W A G U Y Q K
T M E W E R H K M K U U I C K
L R E N U K K N I K R S C S A
R T F N I H L I Ä I T T H F L
B C A S A A L K U S T O N I B
Q F D S E L Ä P Y R I N G M C
K A L A K N S P A I J J B B Y
E V D I L E K M M K A B Y Z P
O B A N A A N I T T A A M O T
```

ARTISOKKA
MANTELI
RIISI
BANAANI
MUNAKOISO
PARSAKAALI
KIRSIKKA
SUKLAA
SIENI
KANA

JOGURTTI
KIIVI
OMENA
MUNA
KALA
KINKKU
JUUSTO
TOMAATTI
VEHNÄ
RYPÄLE

# 96 - Universo

```
T B A I L M A I N E N K K P O
P A L U Y Y Q E K L J A O Ä K
I D I O R E T S A U Q L S I A
G Y K V E I B S G K N L M V U
A R H S A T N S P V E I I Ä K
L M E P Z S I K A L N S N N O
A Y D M Q E T E O A I T E T P
K T E Y W Q T P O H L A N A U
S O I O Z A N L Z N L A K S T
I R T Ä T L O O L Z A O N A K
P Ä I V Ä N S E I S A U S A I
Q W T Y J Y I C B M V U C J B
R C H K P E R R Q T I K E A E
R V Ä Ä C L O R W M A M F I Y
J U T N F O H B E I T F C D V
```

ASTEROIDI
TÄHTITIEDE
ILMAINEN
TAIVAALLINEN
TAIVAS
KOSMINEN
EON
PÄIVÄNTASAAJA
GALAKSI

HALVKULE
HORISONTTI
KALLISTAA
KUU
AURINKO
PÄIVÄNSEISAUS
KAUKOPUTKI
NÄKYVÄ

# 97 - Jazz

```
D  D  C  J  S  P  A  I  N  O  T  U  S  P  D
C  V  L  A  Ä  E  L  T  R  B  I  L  Y  Y  T
A  L  N  E  V  R  Y  T  M  I  U  U  S  I  T
N  F  A  F  E  I  I  R  J  Y  B  A  E  E  N
T  O  U  Q  L  O  C  E  T  W  V  L  N  T  Q
O  Q  O  I  T  A  A  S  I  V  O  R  P  M  I
K  A  E  P  Ä  H  I  N  K  Z  K  T  M  B  R
Z  Y  L  Q  J  N  O  O  I  W  O  E  U  G  E
S  V  K  B  Ä  A  Z  K  S  N  O  K  S  B  T
E  T  R  Y  U  V  O  M  O  O  S  N  I  K  S
S  J  B  N  G  M  C  W  U  F  T  I  I  M  E
R  U  M  M  U  T  I  J  S  N  U  I  K  J  K
H  B  B  F  Q  S  R  J  M  O  M  K  K  D  R
A  J  I  L  I  E  T  I  A  T  U  K  I  I  O
R  K  U  U  L  U  I  S  A  L  S  A  M  I  N
```

| | |
|---|---|
| TAITEILIJA | SUOSIKIT |
| ALBUMI | LAJI |
| RUMMUT | IMPROVISAATIO |
| LAULU | MUSIIKKI |
| KOOSTUMUS | UUSI |
| SÄVELTÄJÄ | ORKESTERI |
| KONSERTTI | RYTMI |
| TYYLI | KYKY |
| PAINOTUS | TEKNIIKKA |
| KUULUISA | VANHA |

# 98 - Barcos

```
P H P E L A S T U S V E N E M
H O S D O P Q G W S O K G A E
V Y B P J G C U E A W K Q N R
E U E L S Ä A C E L A E Z K I
B P O M T I R O T T O O M K M
C T T R V S M V S N R Z P U I
I M S S O G J E I S Y Ö K R E
Y Y A S T V G H R D E T M I S
J H M I L R E M E W B S Q T T
Q A A A A J K S M P K I K T E
D T H E A O A R I O A H A O L
W T Y T C K M M Z I A E J O A
G U T A I I I B B J K I A N K
V A L T A M E R I U V M K A K
L L P U R J E V E N E K K K A
```

| | |
|---|---|
| ANKKURI | MERI |
| LAUTTA | VUOROVESI |
| PELASTUSVENE | MERIMIES |
| POIJU | MASTO |
| KAJAKK | MOOTTORI |
| KANOOTTI | VALTAMERI |
| KÖYSI | AALTO |
| TELAKKA | JOKI |
| JAHTI | MIEHISTÖ |
| JÄRVI | PURJEVENE |

# 99 - Mamíferos

```
P  S  E  E  P  R  A  C  D  D  U  T  O  V  J
O  A  L  L  I  R  O  G  M  E  H  O  O  A  E
J  I  N  E  N  O  V  E  H  L  K  Ä  U  H  Z
K  D  R  T  S  P  G  F  K  F  A  V  R  H  I
W  V  L  S  T  W  P  T  O  I  M  R  U  K  F
G  J  O  K  E  E  A  L  J  I  E  Z  G  C  Ä
C  L  O  K  F  T  R  Z  O  N  L  B  N  A  L
K  I  R  A  H  V  I  I  O  I  I  O  E  W  L
K  B  S  K  U  E  O  Z  T  S  S  S  K  S  E
V  A  L  A  S  I  K  Z  T  K  A  A  U  K  I
P  P  O  P  R  G  O  W  I  E  P  M  T  S  J
I  L  W  U  O  K  I  S  S  A  I  M  T  Y  O
M  V  Y  D  N  K  A  N  I  D  N  A  E  D  N
W  V  E  L  G  Y  W  V  O  G  A  L  K  D  A
N  H  H  T  S  D  F  V  J  S  M  S  P  A  U
```

| | |
|---|---|
| VALAS | DELFIINI |
| KAMELI | GORILLA |
| KENGURU | LEIJONA |
| HEVONEN | SUSI |
| KOIRA | APINA |
| KANI | LAMMAS |
| KOJOOTTI | PANTTERI |
| NORSU | KETTU |
| KISSA | HÄRKÄ |
| KIRAHVI | SEEPRA |

# 100 - Atividades e Lazer

```
R  E  N  T  O  U  T  T  A  V  A  P  O  L  K
H  A  R  R  A  S  T  U  K  S  E  T  K  N  O
D  F  W  K  Q  D  S  I  F  Y  D  J  J  S  R
T  L  G  S  I  F  K  R  W  P  J  Z  S  U  I
R  U  Q  U  Q  L  G  Y  L  C  A  K  E  K  P
S  W  N  T  Q  V  P  H  C  Y  G  L  D  E  A
S  F  M  S  S  J  E  A  U  N  O  L  Y  L  L
U  L  I  A  T  U  A  L  E  N  I  A  L  L  L
L  O  U  L  T  M  W  L  H  O  T  B  I  U  O
L  G  I  A  P  K  A  F  C  V  A  E  E  S  K
E  B  M  K  L  D  U  A  I  M  I  S  K  I  V
A  U  A  R  U  O  K  S  L  H  D  A  K  N  K
V  C  A  M  P  I  N  G  T  A  E  B  R  N  W
C  O  N  S  F  W  D  S  G  A  U  M  Y  E  H
J  A  L  K  A  P  A  L  L  O  A  S  N  T  U
```

| | |
|---|---|
| CAMPING | HARRASTUKSET |
| TAIDE | SUKELLUS |
| KORIPALLO | UIMA |
| BASEBALL | KALASTUS |
| NYRKKEILY | MAALAUS |
| VAELLUS | RENTOUTTAVA |
| KILPA | LAINELAUTAILU |
| JALKAPALLO | TENNIS |
| GOLF | MATKUSTAA |

## 1 - Dirigindo

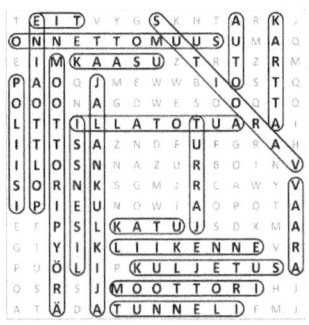

## 2 - Antiguidades

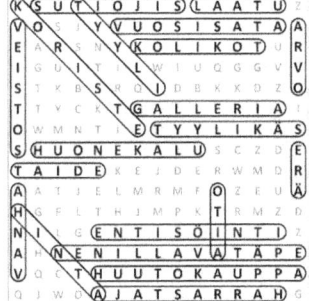

## 3 - Churrascos

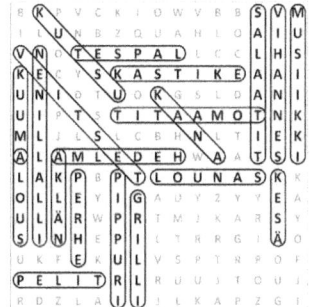

## 4 - Pesca

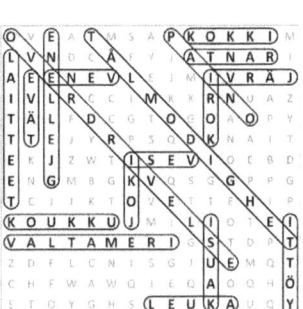

## 5 - Geologia

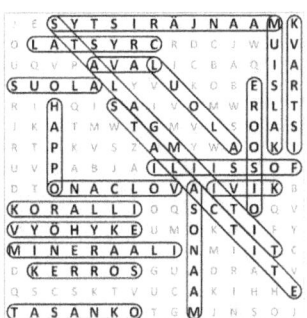

## 6 - Tempo

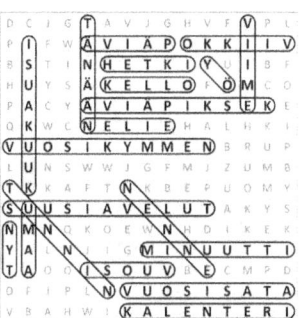

## 7 - Astronomia

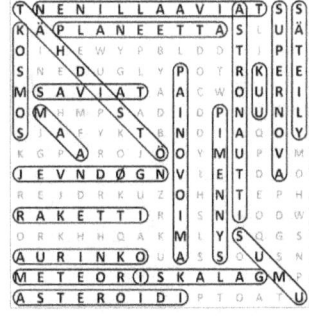

## 8 - Acampamento

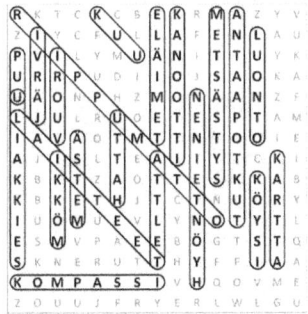

## 9 - Emoções

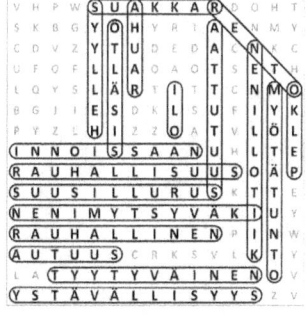

## 10 - Ficção Científica

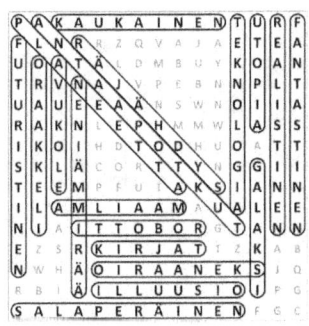

## 11 - Mitologia

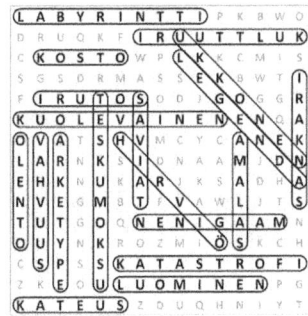

## 12 - Medições

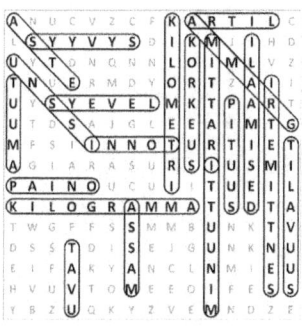

## 13 - Álgebra

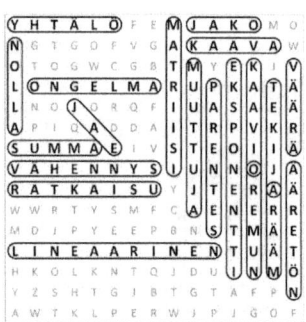

## 14 - Plantas

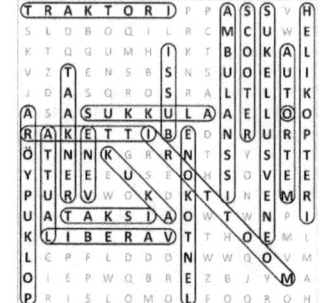

## 15 - Veículos

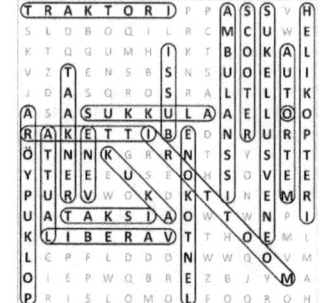

## 16 - Engenharia

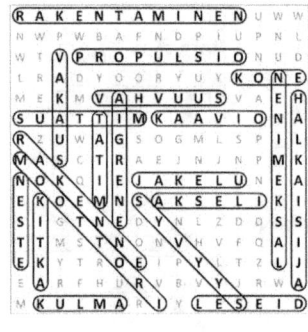

## 17 - Restaurante # 2

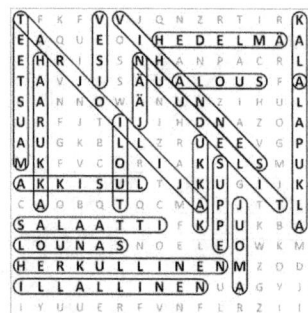

## 18 - Países #2

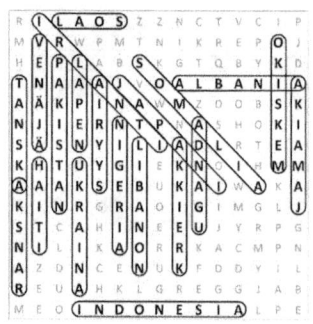

## 19 - Cozinha

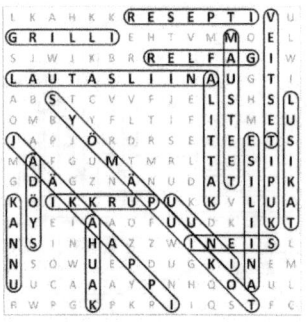

## 20 - Material de Arte

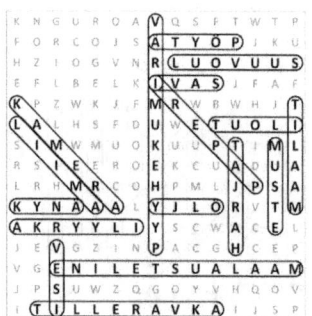

## 21 - Números

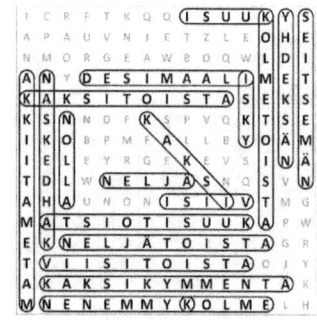

## 22 - Física

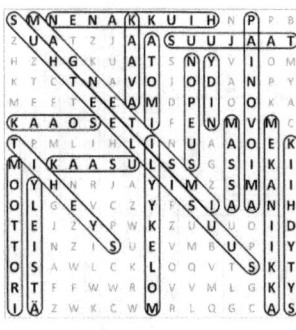

## 23 - Especiarias

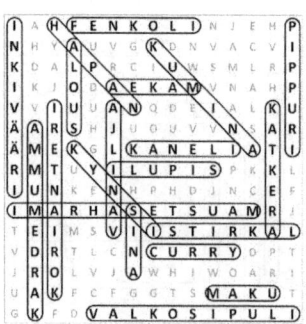

## 24 - Países #1

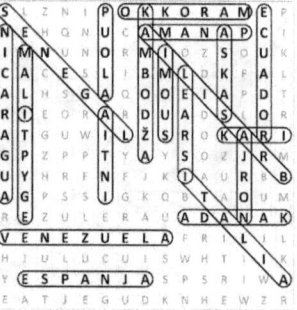

## 25 - A Mídia

## 26 - Casa

## 27 - Vegetais

## 28 - Balé

## 29 - Adjetivos #1

## 30 - Paisagens

## 31 - Dança

## 32 - Nutrição

## 33 - Energia

## 34 - Disciplinas Científicas

## 35 - Meditação

## 36 - Artes Visuais

# 37 - Moda

# 38 - Instrumentos Musicais

# 39 - Adjetivos #2

# 40 - Roupas

# 41 - Herbalismo

# 42 - Arqueologia

# 43 - Esporte

# 44 - Agronomia

# 45 - Frutas

# 46 - Corpo Humano

# 47 - Restaurante #1

# 48 - Caminhada

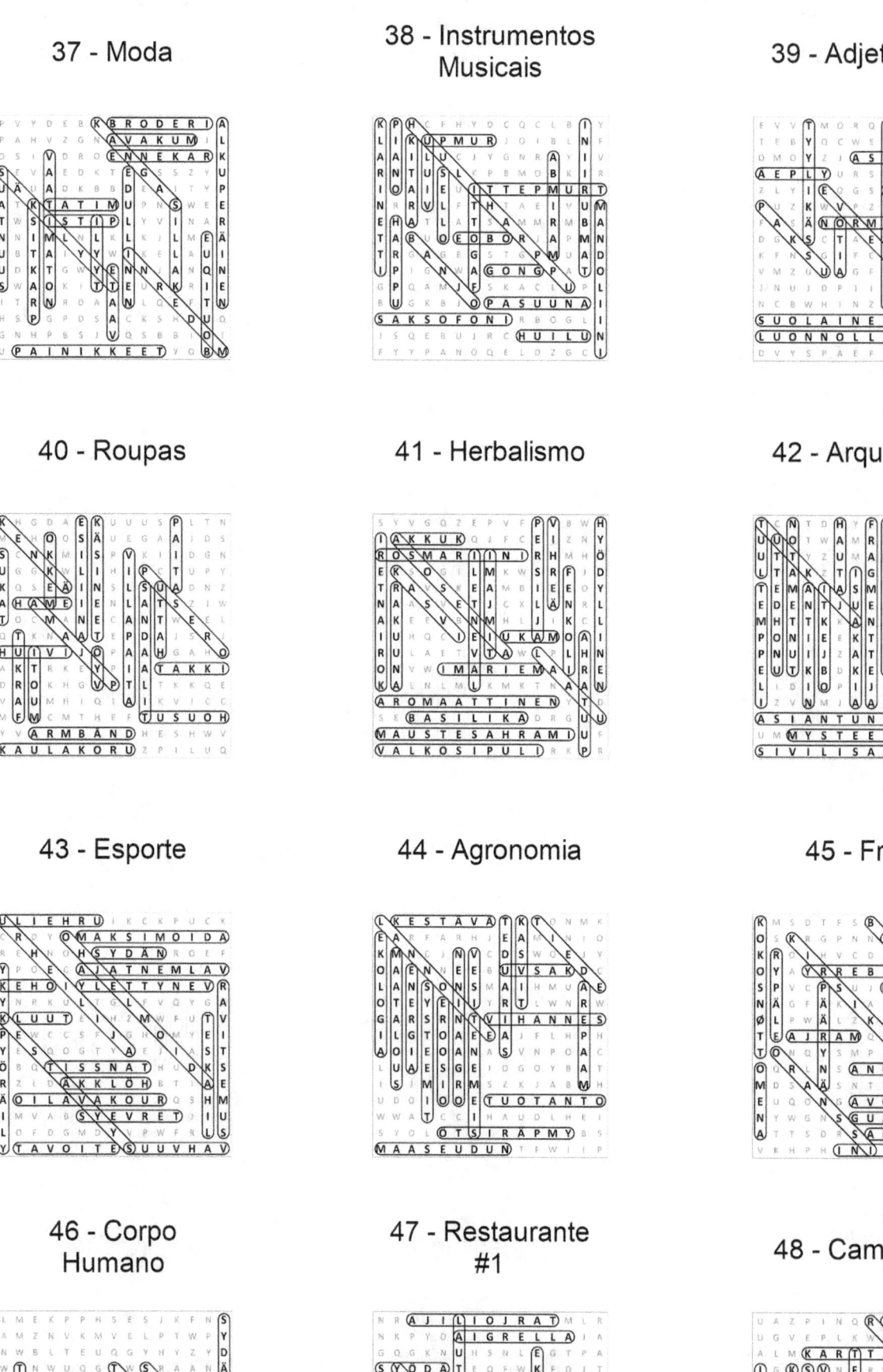

## 49 - Biologia

## 50 - Beleza

## 51 - Filantropia

## 52 - Família

## 53 - Férias #2

## 54 - Edifícios

## 55 - Xadrez

## 56 - Aventura

## 57 - Cidade

## 58 - Música

## 59 - Matemática

## 60 - Saúde e Bem Estar #1

## 61 - Imigração

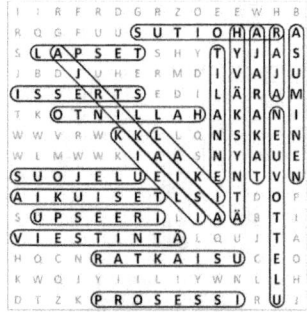

## 62 - Natureza

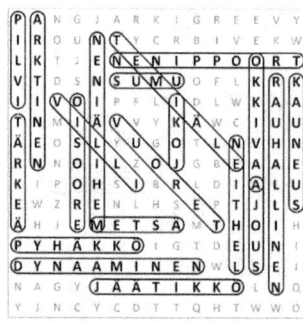

## 63 - Doença

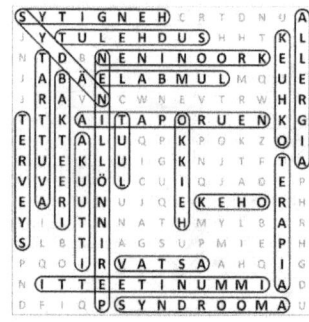

## 64 - Aquecimento Global

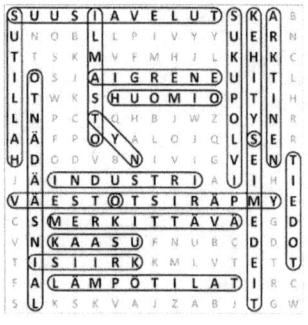

## 65 - Aviões

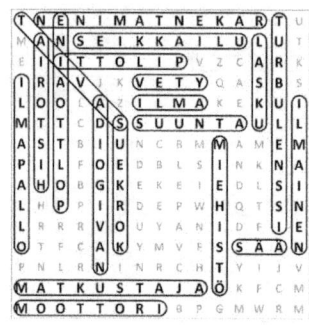

## 66 - Tipos de Cabelo

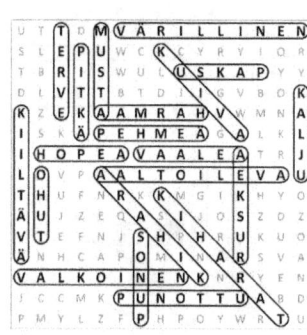

## 67 - Criatividade

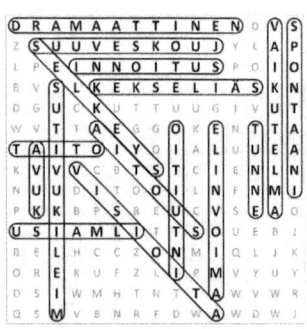

## 68 - Dias e Meses

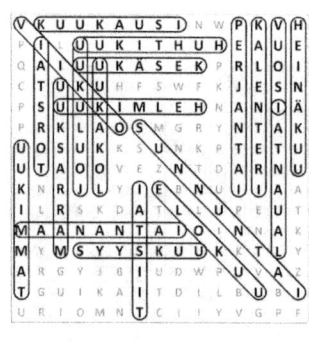

## 69 - Saúde e Bem Estar #2

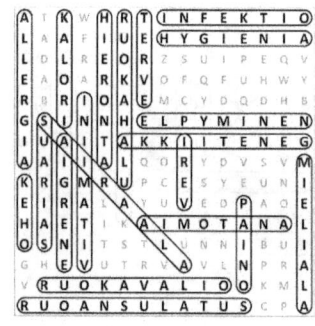

## 70 - Geografia

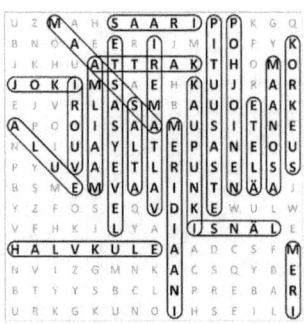

## 71 - Antártica

## 72 - Flores

## 73 - Fazenda #1

## 74 - Livros

## 75 - Chocolate

## 76 - Governo

## 77 - Jardinagem

## 78 - Profissões #2

## 79 - Negócios

## 80 - Fazenda #2

## 81 - Jardim

## 82 - Política

## 83 - Oceano

## 84 - Profissões #1

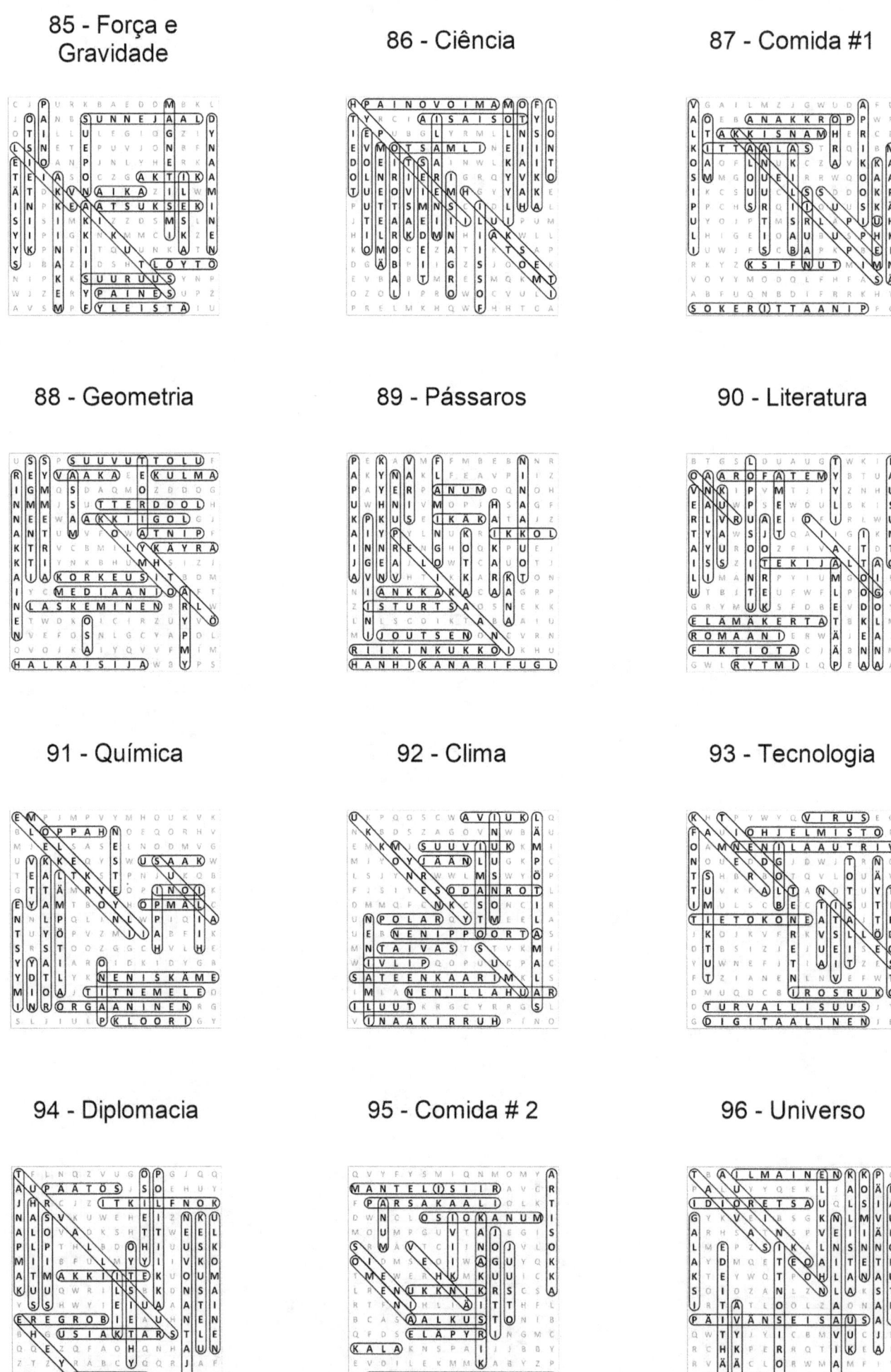

## 85 - Força e Gravidade

## 86 - Ciência

## 87 - Comida #1

## 88 - Geometria

## 89 - Pássaros

## 90 - Literatura

## 91 - Química

## 92 - Clima

## 93 - Tecnologia

## 94 - Diplomacia

## 95 - Comida # 2

## 96 - Universo

## 97 - Jazz

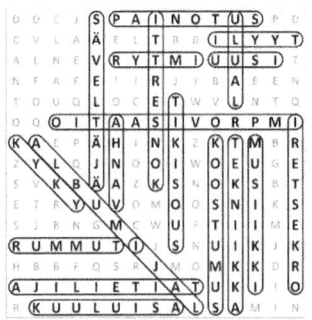

## 98 - Barcos

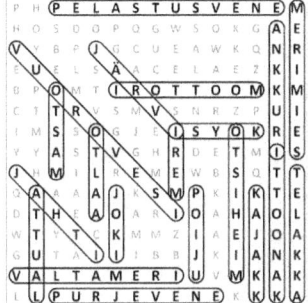

## 99 - Mamíferos

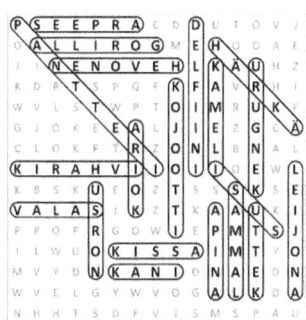

## 100 - Atividades e Lazer

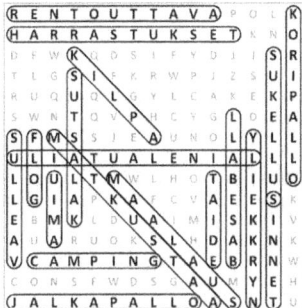

# Dicionário

## A Mídia
### Media

| | |
|---|---|
| Atitudes | Asenteet |
| Comercial | Kaupallinen |
| Comunicação | Viestintä |
| Digital | Digitaalinen |
| Edição | Painos |
| Educação | Koulutus |
| Fatos | Fakta |
| Financiamento | Rahoitus |
| Fotos | Kuvat |
| Individual | Yksilö |
| Indústria | Industri |
| Intelectual | Älyllinen |
| Jornais | Sanomalehti |
| Local | Paikallinen |
| Online | Verkossa |
| Opinião | Lausunto |
| Público | Julkinen |
| Rádio | Radio |
| Rede | Verkko |
| Televisão | Televisio |

## Acampamento
### Telttailu

| | |
|---|---|
| Animais | Eläimet |
| Aventura | Seikkailu |
| Árvores | Puu |
| Bússola | Kompassi |
| Cabine | Mökki |
| Caça | Metsästys |
| Canoa | Kanootti |
| Chapéu | Hattu |
| Corda | Köysi |
| Equipamento | Laitteet |
| Floresta | Metsä |
| Fogo | Antaa Potkut |
| Inseto | Hyönteinen |
| Lago | Järvi |
| Lua | Kuu |
| Maca | Riippumatto |
| Mapa | Kartta |
| Montanha | Vuori |
| Natureza | Luonto |
| Tenda | Teltta |

## Adjetivos #1
### Adjektiivit #1

| | |
|---|---|
| Absoluto | Ehdoton |
| Aromático | Aromaattinen |
| Artístico | Taiteellinen |
| Atraente | Viehättävä |
| Enorme | Valtava |
| Escuro | Tumma |
| Exótico | Eksotisk |
| Fino | Ohut |
| Generoso | Antelias |
| Grande | Suuri |
| Honesto | Rehellinen |
| Idêntico | Identtinen |
| Importante | Tärkeä |
| Lento | Hidas |
| Misterioso | Salaperäinen |
| Moderno | Moderni |
| Perfeito | Täydellinen |
| Pesado | Raskas |
| Sério | Vakava |
| Valioso | Arvokas |

## Adjetivos #2
### Adjektiivit #2

| | |
|---|---|
| Autêntico | Aito |
| Criativo | Luova |
| Descritivo | Kuvaus |
| Dotado | Lahjakas |
| Elegante | Tyylikäs |
| Famoso | Kuuluisa |
| Forte | Vahva |
| Grosso | Paksu |
| Natural | Luonnollinen |
| Normal | Normaali |
| Novo | Uusi |
| Orgulhoso | Ylpeä |
| Produtivo | Tuottava |
| Puro | Puhdas |
| Quente | Kuuma |
| Responsável | Vastuullinen |
| Salgado | Suolainen |
| Saudável | Terve |
| Seco | Kuiva |
| Selvagem | Villi |

## Agronomia
### Agronomia

| | |
|---|---|
| Agricultura | Maatalous |
| Ambiente | Ympäristö |
| Água | Vesi |
| Ciência | Tiede |
| Crescimento | Kasvu |
| Doenças | Sairaudet |
| Ecologia | Ekologia |
| Energia | Energia |
| Erosão | Eroosio |
| Fertilizante | Lannoite |
| Legumes | Vihannes |
| Orgânico | Orgaaninen |
| Plantas | Kasvit |
| Poluição | Forurensning |
| Produção | Tuotanto |
| Rural | Maaseudun |
| Sementes | Siemenet |
| Sistemas | Systeemit |
| Solo | Maaperä |
| Sustentável | Kestävä |

## Antártica
### Antarktis

| | |
|---|---|
| Ambiente | Ympäristö |
| Água | Vesi |
| Baía | Lahti |
| Baleias | Valas |
| Científico | Tieteellinen |
| Conservação | Säilyttäminen |
| Continente | Maanosa |
| Expedição | Retkikunta |
| Geleiras | Isbreer |
| Gelo | Jään |
| Geografia | Maantiede |
| Ilhas | Saaret |
| Investigador | Tutkija |
| Migração | Muutto |
| Minerais | Mineraali |
| Península | Niemimaa |
| Pinguins | Pingviinit |
| Rochoso | Kivinen |
| Temperatura | Lämpötila |
| Topografia | Topografia |

## Antiguidades
### Antiikki

| | |
|---|---|
| **Arte** | Taide |
| **Autêntico** | Aito |
| **Decorativo** | Koriste |
| **Elegante** | Tyylikäs |
| **Entusiasta** | Harrastaja |
| **Escultura** | Veistos |
| **Estilo** | Tyyli |
| **Galeria** | Galleria |
| **Incomum** | Epätavallinen |
| **Investimento** | Sijoitus |
| **Item** | Erä |
| **Leilão** | Huutokauppa |
| **Mobiliário** | Huonekalu |
| **Moedas** | Kolikot |
| **Preço** | Hinta |
| **Qualidade** | Laatu |
| **Restauração** | Entisöinti |
| **Século** | Vuosisata |
| **Valor** | Arvo |
| **Velho** | Vanha |

## Aquecimento Global
### Maapallon Lämpeneminen

| | |
|---|---|
| **Agora** | Nyt |
| **Ambiental** | Ympäristö |
| **Atenção** | Huomio |
| **Ártico** | Arktinen |
| **Cientista** | Tiedemies |
| **Clima** | Ilmasto |
| **Crise** | Kriisi |
| **Dados** | Tiedot |
| **Desenvolvimento** | Kehitys |
| **Energia** | Energia |
| **Futuro** | Tulevaisuus |
| **Gás** | Kaasu |
| **Gerações** | Sukupolvi |
| **Governo** | Hallitus |
| **Indústria** | Industri |
| **Legislação** | Lainsäädäntö |
| **Populações** | Väestö |
| **Significativo** | Merkittävä |
| **Temperaturas** | Lämpötilat |

## Arqueologia
### Arkeologia

| | |
|---|---|
| **Análise** | Analyysi |
| **Antiguidade** | Antiikin |
| **Avaliação** | Arviointi |
| **Civilização** | Sivilisaatio |
| **Descendente** | Jälkeläinen |
| **Desconhecido** | Tuntematon |
| **Equipe** | Tiimi |
| **Era** | Aikakausi |
| **Especialista** | Asiantuntija |
| **Esquecido** | Unohdettu |
| **Fóssil** | Fossiili |
| **Fragmentos** | Fragmentteja |
| **Investigador** | Tutkija |
| **Mistério** | Mysteeri |
| **Objetos** | Objekti |
| **Ossos** | Luut |
| **Professor** | Professori |
| **Relíquia** | Jäänne |
| **Templo** | Temppeli |
| **Túmulo** | Hauta |

## Artes Visuais
### Kuvataide

| | |
|---|---|
| **Argila** | Savi |
| **Arquitetura** | Arkkitehtuuri |
| **Artista** | Taiteilija |
| **Caneta** | Kynä |
| **Cavalete** | Maalausteline |
| **Cera** | Parafiini |
| **Cerâmica** | Keramiikka |
| **Composição** | Koostumus |
| **Criatividade** | Luovuus |
| **Escultura** | Veistos |
| **Filme** | Elokuva |
| **Fotografia** | Valokuva |
| **Giz** | Liitu |
| **Lápis** | Lyijykynä |
| **Obra-Prima** | Mestariteos |
| **Perspectiva** | Näkökulma |
| **Pintura** | Maalaus |
| **Retrato** | Muotokuva |
| **Verniz** | Lakka |

## Astronomia
### Tähtitiede

| | |
|---|---|
| **Asteróide** | Asteroidi |
| **Astronauta** | Astronautti |
| **Celestial** | Taivaallinen |
| **Céu** | Taivas |
| **Constelação** | Tähdistö |
| **Cosmos** | Kosmos |
| **Eclipse** | Pimennys |
| **Equinócio** | Jevndøgn |
| **Foguete** | Raketti |
| **Galáxia** | Galaksi |
| **Gravidade** | Painovoima |
| **Lua** | Kuu |
| **Meteoro** | Meteori |
| **Nebulosa** | Sumu |
| **Observatório** | Observatorio |
| **Planeta** | Planeetta |
| **Radiação** | Säteily |
| **Solar** | Aurinko |
| **Supernova** | Supernova |
| **Terra** | Maa |

## Atividades e Lazer
### Toiminta ja Vapaa-Aika

| | |
|---|---|
| **Acampamento** | Camping |
| **Arte** | Taide |
| **Basquete** | Koripallo |
| **Beisebol** | Baseball |
| **Boxe** | Nyrkkeily |
| **Caminhada** | Vaellus |
| **Corrida** | Kilpa |
| **Futebol** | Jalkapallo |
| **Golfe** | Golf |
| **Hobbies** | Harrastukset |
| **Mergulho** | Sukellus |
| **Natação** | Uima |
| **Pesca** | Kalastus |
| **Pintura** | Maalaus |
| **Relaxante** | Rentouttava |
| **Surfe** | Lainelautailu |
| **Tênis** | Tennis |
| **Viagem** | Matkustaa |
| **Voleibol** | Lentopallo |

## Aventura
### Seikkailu

| | |
|---|---|
| **Alegria** | Ilo |
| **Amigos** | Ystävä |
| **Atividade** | Toiminta |
| **Beleza** | Kauneus |
| **Chance** | Mahdollisuus |
| **Desafios** | Haasteet |
| **Destino** | Kohde |
| **Dificuldade** | Vaikeus |
| **Entusiasmo** | Innostus |
| **Excursão** | Retki |
| **Incomum** | Epätavallinen |
| **Itinerário** | Matka |
| **Natureza** | Luonto |
| **Navegação** | Navigointi |
| **Novo** | Uusi |
| **Perigoso** | Vaarallinen |
| **Segurança** | Turvallisuus |
| **Surpreendente** | Yllättävä |
| **Viagens** | Matkustaa |

## Aviões
### Lentokone

| | |
|---|---|
| **Altura** | Korkeus |
| **Ar** | Ilma |
| **Aterrissagem** | Lasku |
| **Atmosfera** | Ilmainen |
| **Aventura** | Seikkailu |
| **Balão** | Ilmapallo |
| **Céu** | Taivas |
| **Combustível** | Polttoaine |
| **Construção** | Rakentaminen |
| **Descida** | Laskeutuminen |
| **Direção** | Suunta |
| **Hidrogênio** | Vety |
| **História** | Historia |
| **Motor** | Moottori |
| **Navegar** | Navigoida |
| **Passageiro** | Matkustaja |
| **Piloto** | Pilotti |
| **Tempo** | Sää |
| **Tripulação** | Miehistö |
| **Turbulência** | Turbulenssi |

## Álgebra
### Algebra

| | |
|---|---|
| **Diagrama** | Kaavio |
| **Divisão** | Jako |
| **Equação** | Yhtälö |
| **Expoente** | Eksponentti |
| **Falso** | Väärä |
| **Fator** | Tekijä |
| **Fórmula** | Kaava |
| **Fração** | Jae |
| **Infinito** | Ääretön |
| **Linear** | Lineaarinen |
| **Matriz** | Matriisi |
| **Número** | Numero |
| **Parêntese** | Parentes |
| **Problema** | Ongelma |
| **Quantidade** | Määrä |
| **Solução** | Ratkaisu |
| **Soma** | Summa |
| **Subtração** | Vähennys |
| **Variável** | Muuttuja |
| **Zero** | Nolla |

## Balé
### Baletti

| | |
|---|---|
| **Artístico** | Taiteellinen |
| **Bailarina** | Ballerina |
| **Compositor** | Säveltäjä |
| **Coreografia** | Koreografia |
| **Dançarinos** | Tanssijat |
| **Ensaio** | Harjoitukset |
| **Estilo** | Tyyli |
| **Expressivo** | Ilmeikäs |
| **Gesto** | Ele |
| **Habilidade** | Taito |
| **Intensidade** | Intensiteetti |
| **Músculos** | Lihakset |
| **Música** | Musiikki |
| **Orquestra** | Orkesteri |
| **Prática** | Harjoitella |
| **Público** | Yleisö |
| **Ritmo** | Rytmi |
| **Técnica** | Tekniikka |

## Barcos
### Veneitä

| | |
|---|---|
| **Âncora** | Ankkuri |
| **Balsa** | Lautta |
| **Bote** | Pelastusvene |
| **Bóia** | Poiju |
| **Caiaque** | Kajakk |
| **Canoa** | Kanootti |
| **Corda** | Köysi |
| **Doca** | Telakka |
| **Iate** | Jahti |
| **Lago** | Järvi |
| **Mar** | Meri |
| **Maré** | Vuorovesi |
| **Marinheiro** | Merimies |
| **Mastro** | Masto |
| **Motor** | Moottori |
| **Oceano** | Valtameri |
| **Ondas** | Aalto |
| **Rio** | Joki |
| **Tripulação** | Miehistö |
| **Veleiro** | Purjevene |

## Beleza
### Kauneus

| | |
|---|---|
| **Batom** | Leppestift |
| **Cachos** | Kiharat |
| **Charme** | Viehätys |
| **Cor** | Väri |
| **Cosméticos** | Kosmetiikka |
| **Elegante** | Tyylikäs |
| **Elegância** | Eleganssi |
| **Espelho** | Peili |
| **Estilista** | Stylisti |
| **Fotogênico** | Fotogen |
| **Fragrância** | Tuoksu |
| **Graça** | Armo |
| **Maquiagem** | Meikki |
| **Óleos** | Öljyt |
| **Pele** | Iho |
| **Rímel** | Ripsiväri |
| **Serviços** | Palvelut |
| **Suave** | Sileä |
| **Tesoura** | Sakset |
| **Xampu** | Shampoo |

## Biologia
### Biologia

| | |
|---|---|
| **Anatomia** | Anatomia |
| **Bactérias** | Bakteerit |
| **Célula** | Solu |
| **Colagénio** | Kollageeni |
| **Cromossoma** | Kromosomi |
| **Embrião** | Alkio |
| **Enzima** | Entsyymi |
| **Evolução** | Evoluutio |
| **Fotossíntese** | Fotosynteesi |
| **Hormona** | Hormoni |
| **Mamífero** | Nisäkäs |
| **Mutação** | Mutaatio |
| **Natural** | Luonnollinen |
| **Nervo** | Hermo |
| **Neurônio** | Neuroni |
| **Osmose** | Osmoosi |
| **Proteína** | Proteiini |
| **Réptil** | Matelija |
| **Simbiose** | Symbioosi |
| **Sinapse** | Synapsi |

## Caminhada
### Patikointi

| | |
|---|---|
| **Acampamento** | Camping |
| **Animais** | Eläimet |
| **Água** | Vesi |
| **Botas** | Saappaat |
| **Cansado** | Väsynyt |
| **Clima** | Ilmasto |
| **Cume** | Kokous |
| **Mapa** | Kartta |
| **Montanha** | Vuori |
| **Natureza** | Luonto |
| **Orientação** | Suunta |
| **Parques** | Puistot |
| **Pedras** | Kivi |
| **Penhasco** | Kallio |
| **Perigos** | Vaarat |
| **Pesado** | Raskas |
| **Selvagem** | Villi |
| **Sol** | Aurinko |
| **Tempo** | Sää |

## Casa
### Talo

| | |
|---|---|
| **Biblioteca** | Kirjasto |
| **Cerca** | Aita |
| **Chaminé** | Savupiippu |
| **Chaves** | Nøkler |
| **Chuveiro** | Suihku |
| **Cortinas** | Verhot |
| **Cozinha** | Keittiö |
| **Espelho** | Peili |
| **Garagem** | Autotalli |
| **Janela** | Ikkuna |
| **Jardim** | Puutarha |
| **Lareira** | Takka |
| **Mobiliário** | Huonekalu |
| **Parede** | Seinä |
| **Porta** | Ovi |
| **Quarto** | Huone |
| **Sótão** | Ullakko |
| **Tapete** | Matto |
| **Torneira** | Hana |
| **Vassoura** | Luuta |

## Chocolate
### Suklaa

| | |
|---|---|
| **Açúcar** | Sokeri |
| **Amargo** | Katkera |
| **Amendoins** | Maapähkinät |
| **Aroma** | Aromi |
| **Artesanal** | Artisanal |
| **Cacau** | Kaakao |
| **Calorias** | Kalori |
| **Caramelo** | Karamelli |
| **Coco** | Kokosnøtt |
| **Comer** | Syödä |
| **Delicioso** | Herkullinen |
| **Doce** | Makea |
| **Exótico** | Eksotisk |
| **Favorito** | Suosikki |
| **Gosto** | Maku |
| **Ingrediente** | Ainesosa |
| **Pó** | Jauhe |
| **Qualidade** | Laatu |
| **Receita** | Resepti |

## Churrascos
### Grilli

| | |
|---|---|
| **Almoço** | Lounas |
| **Convite** | Kutsu |
| **Crianças** | Lapset |
| **Facas** | Veitset |
| **Família** | Perhe |
| **Fome** | Nälkä |
| **Frango** | Kana |
| **Fruta** | Hedelmä |
| **Grelha** | Grilli |
| **Jantar** | Illallinen |
| **Jogos** | Pelit |
| **Legumes** | Vihannes |
| **Molho** | Kastike |
| **Música** | Musiikki |
| **Pimenta** | Pippuri |
| **Quente** | Kuuma |
| **Sal** | Suola |
| **Saladas** | Salaatit |
| **Tomates** | Tomaatit |
| **Verão** | Kesä |

## Cidade
### Kaupunki

| | |
|---|---|
| **Aeroporto** | Lufthavn |
| **Banco** | Pankki |
| **Biblioteca** | Kirjasto |
| **Cinema** | Elokuva |
| **Clínica** | Klinikka |
| **Escola** | Koulu |
| **Estádio** | Stadion |
| **Farmácia** | Apteekki |
| **Galeria** | Galleria |
| **Hotel** | Hotelli |
| **Jardim Zoológico** | Eläintarha |
| **Livraria** | Kirjakauppa |
| **Mercado** | Markkina |
| **Museu** | Museo |
| **Padaria** | Leipomo |
| **Restaurante** | Ravintola |
| **Salão** | Salonki |
| **Supermercado** | Supermarket |
| **Teatro** | Teatteri |
| **Universidade** | Yliopisto |

## Ciência
### Tiede

| | |
|---|---|
| **Átomo** | Atomi |
| **Cientista** | Tiedemies |
| **Clima** | Ilmasto |
| **Dados** | Tiedot |
| **Evolução** | Evoluutio |
| **Fato** | Tosiasia |
| **Física** | Fysiikka |
| **Fóssil** | Fossiili |
| **Gravidade** | Painovoima |
| **Hipótese** | Hypoteesi |
| **Laboratório** | Laboratorio |
| **Método** | Menetelmä |
| **Minerais** | Mineraali |
| **Moléculas** | Molekyyli |
| **Natureza** | Luonto |
| **Observação** | Havainto |
| **Organismo** | Organismi |
| **Partículas** | Hiukset |
| **Plantas** | Kasvit |
| **Químico** | Kemiallinen |

## Clima
### Sää

| | |
|---|---|
| **Arco-Íris** | Sateenkaari |
| **Atmosfera** | Ilmainen |
| **Calmo** | Rauhallinen |
| **Céu** | Taivas |
| **Clima** | Ilmasto |
| **Furacão** | Hurrikaani |
| **Gelo** | Jään |
| **Monção** | Monsuuni |
| **Nevoeiro** | Sumu |
| **Nuvem** | Pilvi |
| **Polar** | Polar |
| **Relâmpago** | Salama |
| **Seca** | Kuivuus |
| **Seco** | Kuiva |
| **Temperatura** | Lämpötila |
| **Tempestade** | Myrsky |
| **Tornado** | Tornado |
| **Tropical** | Trooppinen |
| **Trovão** | Ukkonen |
| **Vento** | Tuuli |

## Comida # 2
### Ruoka #2

| | |
|---|---|
| **Alcachofra** | Artisokka |
| **Amêndoa** | Manteli |
| **Arroz** | Riisi |
| **Banana** | Banaani |
| **Beringela** | Munakoiso |
| **Brócolis** | Parsakaali |
| **Cereja** | Kirsikka |
| **Chocolate** | Suklaa |
| **Cogumelo** | Sieni |
| **Frango** | Kana |
| **Iogurte** | Jogurtti |
| **Kiwi** | Kiivi |
| **Maçã** | Omena |
| **Ovo** | Muna |
| **Peixe** | Kala |
| **Presunto** | Kinkku |
| **Queijo** | Juusto |
| **Tomate** | Tomaatti |
| **Trigo** | Vehnä |
| **Uva** | Rypäle |

## Comida #1
### Ruoka #1

| | |
|---|---|
| **Açúcar** | Sokeri |
| **Alho** | Valkosipuli |
| **Amendoim** | Maapähkinä |
| **Atum** | Tunfisk |
| **Bolo** | Kakku |
| **Canela** | Kaneli |
| **Cebola** | Sipuli |
| **Cenoura** | Porkkana |
| **Cevada** | Ohra |
| **Damasco** | Aprikoosi |
| **Espinafre** | Pinaatti |
| **Leite** | Maito |
| **Limão** | Sitruuna |
| **Manjericão** | Basilika |
| **Morango** | Mansikka |
| **Nabo** | Nauris |
| **Sal** | Suola |
| **Salada** | Salaatti |
| **Sopa** | Suppe |
| **Suco** | Mehu |

## Corpo Humano
### Ihmiskehon

| | |
|---|---|
| **Boca** | Suu |
| **Cabeça** | Pää |
| **Cérebro** | Aivot |
| **Coração** | Sydän |
| **Cotovelo** | Kyynärpää |
| **Dedo** | Sormi |
| **Joelho** | Polvi |
| **Lábios** | Huulet |
| **Mão** | Käsi |
| **Nariz** | Nenä |
| **Olho** | Silmä |
| **Ombro** | Olkapää |
| **Orelha** | Korva |
| **Pele** | Iho |
| **Perna** | Jalka |
| **Pescoço** | Kaula |
| **Queixo** | Leuka |
| **Sangue** | Veri |
| **Testa** | Otsa |
| **Tornozelo** | Nilkka |

## Cozinha
### Keittiö

| | |
|---|---|
| **Avental** | Esiliina |
| **Chaleira** | Kattila |
| **Colheres** | Lusikat |
| **Comer** | Syödä |
| **Concha** | Kauha |
| **Cups** | Kupit |
| **Especiarias** | Mausteet |
| **Esponja** | Sieni |
| **Facas** | Veitset |
| **Forno** | Uuni |
| **Freezer** | Pakastin |
| **Garfos** | Gafler |
| **Geladeira** | Jääkaappi |
| **Grelha** | Grilli |
| **Guardanapo** | Lautasliina |
| **Jar** | Purkki |
| **Jarro** | Kannu |
| **Pauzinhos** | Syömäpuikot |
| **Receita** | Resepti |
| **Tigela** | Kulho |

## Criatividade
### Luovuus

| | |
|---|---|
| **Artístico** | Taiteellinen |
| **Autenticidade** | Aitous |
| **Clareza** | Selkeys |
| **Dramático** | Dramaattinen |
| **Espontânea** | Spontaani |
| **Expressão** | Ilmaisu |
| **Fluidez** | Juoksevuus |
| **Habilidade** | Taito |
| **Imagem** | Kuva |
| **Imaginação** | Mielikuvitus |
| **Impressão** | Vaikutelma |
| **Inspiração** | Innoitus |
| **Intensidade** | Intensiteetti |
| **Intuição** | Intuitio |
| **Inventivo** | Kekseliäs |
| **Sensação** | Tunne |
| **Visões** | Visioita |
| **Vitalidade** | Elinvoima |

## Dança
### Tanssi

| | |
|---|---|
| **Academia** | Akatemia |
| **Alegre** | Iloinen |
| **Arte** | Taide |
| **Clássico** | Klassinen |
| **Coreografia** | Koreografia |
| **Corpo** | Keho |
| **Cultura** | Kulttuuri |
| **Emoção** | Tunne |
| **Ensaio** | Harjoitukset |
| **Expressivo** | Ilmeikäs |
| **Graça** | Armo |
| **Movimento** | Liike |
| **Música** | Musiikki |
| **Parceiro** | Kumppani |
| **Postura** | Ryhti |
| **Ritmo** | Rytmi |
| **Tradicional** | Perinteinen |
| **Visual** | Visuaalinen |

## Dias e Meses
### Päivät ja Kuukaudet

| | |
|---|---|
| **Abril** | Huhtikuu |
| **Agosto** | Elokuu |
| **Ano** | Vuosi |
| **Calendário** | Kalenteri |
| **Dezembro** | Joulukuu |
| **Domingo** | Sunnuntai |
| **Fevereiro** | Helmikuu |
| **Janeiro** | Tammikuu |
| **Julho** | Heinäkuu |
| **Junho** | Kesäkuu |
| **Mês** | Kuukausi |
| **Novembro** | Marraskuu |
| **Outubro** | Lokakuu |
| **Quinta-Feira** | Torstai |
| **Sábado** | Lauantai |
| **Segunda-Feira** | Maanantai |
| **Semana** | Viikko |
| **Setembro** | Syyskuu |
| **Sexta-Feira** | Perjantai |
| **Terça** | Tiistai |

## Diplomacia
### Diplomatia

| | |
|---|---|
| **Campanhas** | Kampanjat |
| **Cidadãos** | Borgere |
| **Comunidade** | Yhteisö |
| **Conflito** | Konflikti |
| **Consultor** | Neuvonantaja |
| **Cooperação** | Yhteistyö |
| **Discussão** | Keskustelu |
| **Embaixada** | Lähetystö |
| **Estrangeiro** | Ulkomainen |
| **Ética** | Etiikka |
| **Governo** | Hallitus |
| **Integridade** | Eheys |
| **Justiça** | Oikeus |
| **Línguas** | Kieli |
| **Política** | Politiikka |
| **Resolução** | Päätös |
| **Segurança** | Turvallisuus |
| **Solução** | Ratkaisu |
| **Tratado** | Sopimus |

## Dirigindo
### Ajo

| | |
|---|---|
| **Acidente** | Onnettomuus |
| **Carro** | Auto |
| **Combustível** | Polttoaine |
| **Cuidado** | Varoitus |
| **Estrada** | Tie |
| **Freios** | Jarrut |
| **Garagem** | Autotalli |
| **Gás** | Kaasu |
| **Licença** | Lisenssi |
| **Mapa** | Kartta |
| **Motocicleta** | Moottoripyörä |
| **Motor** | Moottori |
| **Pedestre** | Jalankulkija |
| **Perigo** | Vaara |
| **Polícia** | Poliisi |
| **Rua** | Katu |
| **Segurança** | Turvallisuus |
| **Transporte** | Kuljetus |
| **Tráfego** | Liikenne |
| **Túnel** | Tunneli |

## Disciplinas Científicas
### Tieteelliset Alat

| | |
|---|---|
| **Anatomia** | Anatomia |
| **Arqueologia** | Arkeologia |
| **Astronomia** | Tähtitiede |
| **Biologia** | Biologia |
| **Bioquímica** | Biokemia |
| **Botânica** | Kasvitiede |
| **Cinesiologia** | Kinesiologia |
| **Ecologia** | Ekologia |
| **Fisiologia** | Fysiologia |
| **Geologia** | Geologia |
| **Imunologia** | Immunologia |
| **Linguística** | Kielitiede |
| **Mecânica** | Mekaniikka |
| **Meteorologia** | Meteorologia |
| **Mineralogia** | Mineralogia |
| **Neurologia** | Neurologia |
| **Psicologia** | Psykologia |
| **Química** | Kemia |
| **Sociologia** | Sosiologia |
| **Zoologia** | Eläintiede |

## Doença
### Sairaus

| | |
|---|---|
| **Abdominal** | Vatsa |
| **Agudo** | Akuutti |
| **Alergias** | Allergia |
| **Bacteriano** | Bakteeri |
| **Contagioso** | Tarttuva |
| **Coração** | Sydän |
| **Corpo** | Keho |
| **Crônica** | Krooninen |
| **Fraco** | Heikko |
| **Hereditário** | Perinnöllinen |
| **Imunidade** | Immuniteetti |
| **Inflamação** | Tulehdus |
| **Lombar** | Lumbale |
| **Neuropatia** | Neuropatia |
| **Ossos** | Luut |
| **Pulmonar** | Keuhko |
| **Respiratório** | Hengitys |
| **Saúde** | Terveys |
| **Síndrome** | Syndrooma |
| **Terapia** | Terapia |

## Edifícios
### Rakennukset

| | |
|---|---|
| **Apartamento** | Huoneisto |
| **Castelo** | Linna |
| **Celeiro** | Lato |
| **Cinema** | Elokuva |
| **Embaixada** | Lähetystö |
| **Escola** | Koulu |
| **Estádio** | Stadion |
| **Fazenda** | Maatila |
| **Fábrica** | Tehdas |
| **Garagem** | Autotalli |
| **Hospital** | Sairaala |
| **Hotel** | Hotelli |
| **Laboratório** | Laboratorio |
| **Museu** | Museo |
| **Observatório** | Observatorio |
| **Supermercado** | Supermarket |
| **Teatro** | Teatteri |
| **Tenda** | Teltta |
| **Torre** | Torni |
| **Universidade** | Yliopisto |

## Emoções
### Tunteita

| | |
|---|---|
| **Alegria** | Ilo |
| **Amor** | Rakkaus |
| **Animado** | Innoissaan |
| **Bem-Aventurança** | Autuus |
| **Bondade** | Ystävällisyys |
| **Calmo** | Rauhallinen |
| **Conteúdo** | Sisältö |
| **Grato** | Kiitollinen |
| **Medo** | Pelko |
| **Paz** | Rauha |
| **Raiva** | Suututtaa |
| **Relaxado** | Rento |
| **Satisfeito** | Tyytyväinen |
| **Simpatia** | Myötätunto |
| **Ternura** | Hellyys |
| **Tédio** | Ikävystyminen |
| **Tranquilidade** | Rauhallisuus |
| **Tristeza** | Surullisuus |

## Energia
### Energiaa

| | |
|---|---|
| **Ambiente** | Ympäristö |
| **Bateria** | Akku |
| **Calor** | Lämpö |
| **Carbono** | Hiili |
| **Combustível** | Polttoaine |
| **Diesel** | Diesel |
| **Elétrico** | Sähköinen |
| **Elétron** | Elektroni |
| **Entropia** | Entropia |
| **Fóton** | Fotoni |
| **Gasolina** | Bensiini |
| **Hidrogênio** | Vety |
| **Indústria** | Industri |
| **Motor** | Moottori |
| **Nuclear** | Ydin |
| **Poluição** | Forurensning |
| **Renovável** | Uusiutuva |
| **Sol** | Aurinko |
| **Turbina** | Turbiini |
| **Vento** | Tuuli |

## Engenharia
### Suunnittelu

| | |
|---|---|
| **Atrito** | Kitka |
| **Ângulo** | Kulma |
| **Cálculo** | Laskeminen |
| **Construção** | Rakentaminen |
| **Diagrama** | Kaavio |
| **Diâmetro** | Halkaisija |
| **Diesel** | Diesel |
| **Dimensões** | Mitat |
| **Distribuição** | Jakelu |
| **Eixo** | Akseli |
| **Energia** | Energia |
| **Estabilidade** | Vakaus |
| **Estrutura** | Rakenne |
| **Força** | Vahvuus |
| **Líquido** | Neste |
| **Máquina** | Kone |
| **Medição** | Mittaus |
| **Motor** | Moottori |
| **Profundidade** | Syvyys |
| **Propulsão** | Propulsio |

## Especiarias
### Mausteita

| | |
|---|---|
| **Açafrão** | Maustesahrami |
| **Alcaçuz** | Lakritsi |
| **Alho** | Valkosipuli |
| **Amargo** | Katkera |
| **Anis** | Anis |
| **Azedo** | Hapan |
| **Baunilha** | Vanilja |
| **Canela** | Kaneli |
| **Cardamomo** | Kardemumma |
| **Caril** | Curry |
| **Cebola** | Sipuli |
| **Coentro** | Korianteri |
| **Cominho** | Kumina |
| **Cravo** | Kynsi |
| **Doce** | Makea |
| **Funcho** | Fenkoli |
| **Gengibre** | Inkivääri |
| **Pimenta** | Pippuri |
| **Sabor** | Maku |
| **Sal** | Suola |

## Esporte
### Urheilu

| | |
|---|---|
| **Alongamento** | Venyttely |
| **Atleta** | Urheilija |
| **Capacidade** | Kyky |
| **Cardiovascular** | Sydän |
| **Ciclismo** | Pyöräily |
| **Corpo** | Keho |
| **Dançando** | Tanssit |
| **Dieta** | Ruokavalio |
| **Esportes** | Urheilu |
| **Força** | Vahvuus |
| **Jogging** | Hölkkä |
| **Maximizar** | Maksimoida |
| **Músculos** | Lihakset |
| **Nutrição** | Ravitsemus |
| **Objetivo** | Tavoite |
| **Ossos** | Luut |
| **Programa** | Ohjelmoida |
| **Resistência** | Kestävyys |
| **Saúde** | Terveys |
| **Treinador** | Valmentaja |

## Família
### Perhe

| | |
|---|---|
| **Antepassado** | Stamfar |
| **Avó** | Isoäiti |
| **Criança** | Lapsi |
| **Crianças** | Lapset |
| **Esposa** | Vaimo |
| **Filha** | Tytär |
| **Infância** | Lapsuus |
| **Irmã** | Sisko |
| **Irmão** | Veli |
| **Marido** | Mies |
| **Materno** | Äidin |
| **Mãe** | Äiti |
| **Neto** | Pojanpoika |
| **Pai** | Isä |
| **Paterno** | Isän |
| **Primo** | Serkku |
| **Sobrinha** | Veljentytär |
| **Sobrinho** | Veljenpoika |
| **Tia** | Täti |
| **Tio** | Setä |

## Fazenda #1
### Maatila nro 1

| | |
|---|---|
| **Abelha** | Mehiläinen |
| **Agricultura** | Maatalous |
| **Arroz** | Riisi |
| **Água** | Vesi |
| **Bezerro** | Vasikka |
| **Burro** | Aasi |
| **Cabra** | Vuohi |
| **Campo** | Kenttä |
| **Cavalo** | Hevonen |
| **Cão** | Koira |
| **Cerca** | Aita |
| **Corvo** | Varis |
| **Feno** | Heinä |
| **Fertilizante** | Lannoite |
| **Frango** | Kana |
| **Gato** | Kissa |
| **Mel** | Hunaja |
| **Porco** | Sika |
| **Rebanho** | Parvi |
| **Vaca** | Lehmä |

## Fazenda #2
### Maatila # 2

| | |
|---|---|
| **Agricultor** | Viljelijä |
| **Animais** | Eläimet |
| **Celeiro** | Lato |
| **Cevada** | Ohra |
| **Colmeia** | Mehiläispesä |
| **Cordeiro** | Karitsa |
| **Fruta** | Hedelmä |
| **Irrigação** | Kastelu |
| **Leite** | Maito |
| **Lhama** | Laama |
| **Maduro** | Kypsä |
| **Milho** | Maissi |
| **Ovelha** | Lammas |
| **Pastor** | Paimen |
| **Pato** | Ankka |
| **Pomar** | Hedelmätarha |
| **Prado** | Niitty |
| **Trator** | Traktori |
| **Trigo** | Vehnä |
| **Vegetal** | Vihannes |

## Férias #2
### Loma #2

| | |
|---|---|
| **Aeroporto** | Lufthavn |
| **Destino** | Kohde |
| **Estrangeiro** | Ulkomaalainen |
| **Feriado** | Loma |
| **Fotos** | Kuvat |
| **Hotel** | Hotelli |
| **Ilha** | Saari |
| **Lazer** | Vapaa |
| **Mapa** | Kartta |
| **Mar** | Meri |
| **Montanhas** | Vuoret |
| **Passaporte** | Passi |
| **Praia** | Ranta |
| **Reservas** | Varaukset |
| **Restaurante** | Ravintola |
| **Táxi** | Taksi |
| **Tenda** | Teltta |
| **Transporte** | Kuljetus |
| **Viagem** | Matka |
| **Visto** | Viisumi |

## Ficção Científica
### Tieteiskirjallisuus

| | |
|---|---|
| **Cenário** | Skenaario |
| **Cinema** | Elokuva |
| **Distante** | Kaukainen |
| **Distopia** | Dystopia |
| **Explosão** | Räjähdys |
| **Extremo** | Äärimmäinen |
| **Fantástico** | Fantastinen |
| **Fogo** | Antaa Potkut |
| **Futurista** | Futuristinen |
| **Galáxia** | Galaksi |
| **Ilusão** | Illuusio |
| **Livros** | Kirjat |
| **Misterioso** | Salaperäinen |
| **Mundo** | Maailma |
| **Oráculo** | Oraakkeli |
| **Planeta** | Planeetta |
| **Realista** | Realistinen |
| **Robôs** | Robotti |
| **Tecnologia** | Teknologia |
| **Utopia** | Utopia |

### Filantropia
#### Hyväntekeväisyys

| | |
|---|---|
| Comunidade | Yhteisö |
| Contatos | Yhteystiedot |
| Crianças | Lapset |
| Desafios | Haasteet |
| Doar | Lahjoittaa |
| Finança | Rahoitus |
| Fundos | Varat |
| Generosidade | Gavmildhet |
| Grupos | Ryhmät |
| História | Historia |
| Honestidade | Rehellisyys |
| Humanidade | Ihmiskunta |
| Juventude | Nuori |
| Missão | Tehtävä |
| Objetivos | Tavoitteet |
| Pessoas | Ihmiset |
| Programas | Ohjelmat |
| Público | Julkinen |

### Física
#### Fysiikka

| | |
|---|---|
| Aceleração | Kiihdytys |
| Átomo | Atomi |
| Caos | Kaaos |
| Densidade | Tiheys |
| Elétron | Elektroni |
| Fórmula | Kaava |
| Frequência | Taajuus |
| Gás | Kaasu |
| Gravidade | Painovoima |
| Magnetismo | Magnetismi |
| Massa | Massa |
| Mecânica | Mekaniikka |
| Molécula | Molekyyli |
| Motor | Moottori |
| Nuclear | Ydin |
| Partícula | Hiukkanen |
| Químico | Kemiallinen |
| Relatividade | Suhteellisuus |
| Universal | Yleistä |
| Velocidade | Nopeus |

### Flores
#### Kukkia

| | |
|---|---|
| Buquê | Kimppu |
| Dente-De-Leão | Voikukka |
| Gardênia | Gardenia |
| Girassol | Auringonkukka |
| Hibisco | Hibiscus |
| Jasmim | Jasmiini |
| Lavanda | Laventeli |
| Lilás | Liila |
| Lírio | Lilja |
| Magnólia | Magnolia |
| Margarida | Päivänkakkara |
| Orquídea | Orkidea |
| Papoula | Unikko |
| Peônia | Pioni |
| Pétala | Terälehti |
| Plumeria | Plumeria |
| Rosa | Ruusu |
| Trevo | Apila |
| Tulipa | Tulppaani |

### Força e Gravidade
#### Voima ja Painovoima

| | |
|---|---|
| Atrito | Kitka |
| Centro | Keskusta |
| Descoberta | Löytö |
| Dinâmico | Dynaaminen |
| Distância | Etäisyys |
| Eixo | Akseli |
| Expansão | Laajennus |
| Física | Fysiikka |
| Impacto | Vaikutus |
| Magnetismo | Magnetismi |
| Magnitude | Suuruus |
| Mecânica | Mekaniikka |
| Movimento | Liike |
| Peso | Paino |
| Pressão | Paine |
| Propriedades | Kiinteistö |
| Rapidez | Nopeus |
| Tempo | Aika |
| Universal | Yleistä |

### Frutas
#### Hedelmä

| | |
|---|---|
| Abacate | Avokado |
| Abacaxi | Ananas |
| Amora | Blackberry |
| Baga | Marja |
| Banana | Banaani |
| Cereja | Kirsikka |
| Coco | Kokosnøtt |
| Damasco | Aprikoosi |
| Figo | Viikuna |
| Framboesa | Vadelma |
| Goiaba | Guava |
| Kiwi | Kiivi |
| Laranja | Oranssi |
| Limão | Sitruuna |
| Maçã | Omena |
| Manga | Mango |
| Nectarina | Nektariini |
| Pera | Päärynä |
| Pêssego | Persikka |
| Uva | Rypäle |

### Geografia
#### Maantiede

| | |
|---|---|
| Altitude | Korkeus |
| Atlas | Atlas |
| Cidade | Kaupunki |
| Continente | Maanosa |
| Hemisfério | Halvkule |
| Ilha | Saari |
| Latitude | Leveysaste |
| Longitude | Pituusaste |
| Mapa | Kartta |
| Mar | Meri |
| Meridiano | Meridiaani |
| Montanha | Vuori |
| Mundo | Maailma |
| Norte | Pohjoinen |
| Oceano | Valtameri |
| Oeste | Länsi |
| País | Maassa |
| Região | Alue |
| Rio | Joki |
| Sul | Etelä |

## Geologia
### Geologia

| | |
|---|---|
| **Ácido** | Happo |
| **Camada** | Kerros |
| **Caverna** | Luola |
| **Cálcio** | Kalsium |
| **Continente** | Maanosa |
| **Coral** | Koralli |
| **Cristais** | Crystal |
| **Erosão** | Eroosio |
| **Estalactite** | Stalactite |
| **Estalagmites** | Stalagmiitit |
| **Fóssil** | Fossiili |
| **Lava** | Lava |
| **Minerais** | Mineraali |
| **Pedra** | Kivi |
| **Platô** | Tasanko |
| **Quartzo** | Kvartsi |
| **Sal** | Suola |
| **Terremoto** | Maanjäristys |
| **Vulcão** | Volcano |
| **Zona** | Vyöhyke |

## Geometria
### Geometria

| | |
|---|---|
| **Altura** | Korkeus |
| **Ângulo** | Kulma |
| **Cálculo** | Laskeminen |
| **Círculo** | Ympyrä |
| **Curva** | Käyrä |
| **Diâmetro** | Halkaisija |
| **Dimensão** | Ulottuvuus |
| **Equação** | Yhtälö |
| **Horizontal** | Vaaka |
| **Lógica** | Logiikka |
| **Massa** | Massa |
| **Mediana** | Mediaani |
| **Paralelo** | Rinnakkainen |
| **Proporção** | Osa |
| **Segmento** | Segmentti |
| **Simetria** | Symmetria |
| **Superfície** | Pinta |
| **Teoria** | Teoria |
| **Triângulo** | Kolmio |
| **Vertical** | Loddrett |

## Governo
### Hallitus

| | |
|---|---|
| **Cidadania** | Kansalaisuus |
| **Civil** | Siviili- |
| **Constituição** | Konstitusjon |
| **Democracia** | Demokratia |
| **Discurso** | Puhe |
| **Discussão** | Keskustelu |
| **Distrito** | Piiri |
| **Estado** | Valtio |
| **Igualdade** | Tasa-Arvo |
| **Judicial** | Rettslig |
| **Justiça** | Oikeus |
| **Lei** | Laki |
| **Liberdade** | Vapaus |
| **Líder** | Johtaja |
| **Monumento** | Monumentti |
| **Nacional** | Kansallinen |
| **Nação** | Kansakunta |
| **Pacífico** | Rauhallinen |
| **Política** | Politiikka |
| **Símbolo** | Symboli |

## Herbalismo
### Herbalismi

| | |
|---|---|
| **Açafrão** | Maustesahrami |
| **Alecrim** | Rosmariini |
| **Alho** | Valkosipuli |
| **Aromático** | Aromaattinen |
| **Benéfico** | Hyödyllinen |
| **Coentro** | Korianteri |
| **Estragão** | Rakuuna |
| **Flor** | Kukka |
| **Funcho** | Fenkoli |
| **Ingrediente** | Ainesosa |
| **Jardim** | Puutarha |
| **Lavanda** | Laventeli |
| **Manjericão** | Basilika |
| **Manjerona** | Meirami |
| **Planta** | Kasvi |
| **Qualidade** | Laatu |
| **Sabor** | Maku |
| **Salsa** | Persilja |
| **Tomilho** | Timjami |
| **Verde** | Vihreä |

## Imigração
### Maahanmuuttovirasto

| | |
|---|---|
| **Administração** | Hallinto |
| **Adultos** | Aikuiset |
| **Aprovação** | Hyväksyntä |
| **Comunicação** | Viestintä |
| **Crianças** | Lapset |
| **Documentos** | Asiakirja |
| **Estresse** | Stressi |
| **Financiamento** | Rahoitus |
| **Fronteiras** | Raja |
| **Habitação** | Asuminon |
| **Lei** | Laki |
| **Língua** | Kieli |
| **Negociação** | Neuvottelu |
| **Oficial** | Upseeri |
| **Prazo** | Takaraja |
| **Processo** | Prosessi |
| **Proteção** | Suojelu |
| **Situação** | Tilanne |
| **Solução** | Ratkaisu |

## Instrumentos Musicais
### Soittimet

| | |
|---|---|
| **Bandolim** | Mandoliini |
| **Banjo** | Banjo |
| **Clarinete** | Klarinetti |
| **Fagote** | Fagotti |
| **Flauta** | Huilu |
| **Gaita** | Huuliharppu |
| **Gongo** | Gong |
| **Harpa** | Harppu |
| **Marimba** | Marimba |
| **Oboé** | Oboe |
| **Pandeiro** | Tamburiini |
| **Piano** | Piano |
| **Saxofone** | Saksofoni |
| **Tambor** | Rumpu |
| **Trombone** | Pasuuna |
| **Trompete** | Trumpetti |
| **Violão** | Kitara |
| **Violino** | Viulu |
| **Violoncelo** | Sello |

## Jardim
### Puutarha

| | |
|---|---|
| Ancinho | Rake |
| Arbusto | Puska |
| Árvore | Puu |
| Banco | Penkki |
| Cerca | Aita |
| Ervas Daninhas | Ugress |
| Flor | Kukka |
| Garagem | Autotalli |
| Grama | Ruoho |
| Gramado | Nurmikko |
| Jardim | Puutarha |
| Lagoa | Lampi |
| Maca | Riippumatto |
| Mangueira | Letku |
| Pá | Lapio |
| Pomar | Hedelmätarha |
| Solo | Maaperä |
| Terraço | Terassi |
| Trampolim | Trampoliini |
| Varanda | Kuisti |

## Jardinagem
### Puutarhanhoito

| | |
|---|---|
| Água | Vesi |
| Buquê | Kimppu |
| Clima | Ilmasto |
| Comestível | Syötävä |
| Composto | Komposti |
| Espécies | Lajit |
| Exótico | Eksotisk |
| Floral | Kukka |
| Folha | Puun Lehti |
| Folhagem | Lehtien |
| Mangueira | Letku |
| Pomar | Hedelmätarha |
| Recipiente | Säiliö |
| Sazonal | Kausi |
| Sementes | Siemenet |
| Solo | Maaperä |
| Sujeira | Lika |
| Umidade | Kosteus |

## Jazz
### Jazz

| | |
|---|---|
| Artista | Taiteilija |
| Álbum | Albumi |
| Bateria | Rummut |
| Canção | Laulu |
| Composição | Koostumus |
| Compositor | Säveltäjä |
| Concerto | Konsertti |
| Estilo | Tyyli |
| Ênfase | Painotus |
| Famoso | Kuuluisa |
| Favoritos | Suosikit |
| Gênero | Laji |
| Improvisação | Improvisaatio |
| Música | Musiikki |
| Novo | Uusi |
| Orquestra | Orkesteri |
| Ritmo | Rytmi |
| Talento | Kyky |
| Técnica | Tekniikka |
| Velho | Vanha |

## Literatura
### Kirjallisuus

| | |
|---|---|
| Analogia | Analogia |
| Análise | Analyysi |
| Anedota | Anekdootti |
| Autor | Tekijä |
| Biografia | Elämäkerta |
| Comparação | Vertailu |
| Conclusão | Päätelmä |
| Descrição | Kuvaus |
| Diálogo | Dialog |
| Estilo | Tyyli |
| Ficção | Fiktiota |
| Metáfora | Metafora |
| Narrador | Kertoja |
| Opinião | Lausunto |
| Poema | Runo |
| Rima | Loppusointu |
| Ritmo | Rytmi |
| Romance | Romaani |
| Tema | Teema |
| Tragédia | Tragedia |

## Livros
### Kirjat

| | |
|---|---|
| Autor | Tekijä |
| Aventura | Seikkailu |
| Coleção | Kokoelma |
| Contexto | Konteksti |
| Dualidade | Kaksinaisuus |
| Escrito | Skriftlig |
| Épico | Eeppinen |
| História | Tarina |
| Inventivo | Kekseliäs |
| Leitor | Lukija |
| Narrador | Kertoja |
| Palavras | Sanat |
| Página | Sivu |
| Personagem | Merkki |
| Poema | Runo |
| Poesia | Runous |
| Relevante | Relevaantia |
| Romance | Romaani |
| Série | Sarja |
| Trágico | Traaginen |

## Mamíferos
### Merinisäkkäiden

| | |
|---|---|
| Baleia | Valas |
| Camelo | Kameli |
| Canguru | Kenguru |
| Cavalo | Hevonen |
| Cão | Koira |
| Coelho | Kani |
| Coiote | Kojootti |
| Elefante | Norsu |
| Gato | Kissa |
| Girafa | Kirahvi |
| Golfinho | Delfiini |
| Gorila | Gorilla |
| Leão | Leijona |
| Lobo | Susi |
| Macaco | Apina |
| Ovelha | Lammas |
| Pantera | Pantteri |
| Raposa | Kettu |
| Touro | Härkä |
| Zebra | Seepra |

## Matemática
### Matematiikka

| | |
|---|---|
| **Aritmética** | Aritmeettinen |
| **Ângulos** | Kulmat |
| **Circunferência** | Ympärysmitta |
| **Decimal** | Desimaali |
| **Diâmetro** | Halkaisija |
| **Equação** | Yhtälö |
| **Expoente** | Eksponentti |
| **Fração** | Jae |
| **Geometria** | Geometria |
| **Paralelo** | Rinnakkainen |
| **Paralelogramo** | Suunnikas |
| **Perímetro** | Kehä |
| **Polígono** | Monikulmio |
| **Quadrado** | Neliö |
| **Raio** | Säde |
| **Retângulo** | Suorakulmio |
| **Simetria** | Symmetria |
| **Soma** | Summa |
| **Triângulo** | Kolmio |
| **Volume** | Tilavuus |

## Material de Arte
### Taide-Tarvikkeet

| | |
|---|---|
| **Acrílico** | Akryyli |
| **Apagador** | Pyyhekumi |
| **Aquarelas** | Akvarellit |
| **Argila** | Savi |
| **Água** | Vesi |
| **Cadeira** | Tuoli |
| **Cavalete** | Maalausteline |
| **Câmera** | Kamera |
| **Cola** | Liima |
| **Cores** | Väri |
| **Criatividade** | Luovuus |
| **Escovas** | Harjat |
| **Lápis** | Kynä |
| **Mesa** | Pöytä |
| **Óleo** | Öljy |
| **Papel** | Paperi |
| **Tinta** | Muste |
| **Tintas** | Maalit |

## Medições
### Mittaus

| | |
|---|---|
| **Altura** | Korkeus |
| **Byte** | Tavu |
| **Centímetro** | Senttimetri |
| **Comprimento** | Pituus |
| **Decimal** | Desimaali |
| **Grama** | Gramma |
| **Grau** | Aste |
| **Largura** | Leveys |
| **Litro** | Litra |
| **Massa** | Massa |
| **Metro** | Mittari |
| **Minuto** | Minuutti |
| **Onça** | Unssi |
| **Peso** | Paino |
| **Polegada** | Tuuma |
| **Profundidade** | Syvyys |
| **Quilograma** | Kilogramma |
| **Quilômetro** | Kilometri |
| **Tonelada** | Tonni |
| **Volume** | Tilavuus |

## Meditação
### Meditaatio

| | |
|---|---|
| **Aceitação** | Hyväksyminen |
| **Acordado** | Hereillä |
| **Aprender** | Oppia |
| **Atenção** | Huomio |
| **Bondade** | Ystävällisyys |
| **Clareza** | Selkeys |
| **Compaixão** | Myötätunto |
| **Emoções** | Tunne |
| **Gratidão** | Kiitollisuus |
| **Mental** | Henkistä |
| **Mente** | Mieli |
| **Movimento** | Liike |
| **Música** | Musiikki |
| **Natureza** | Luonto |
| **Observação** | Havainto |
| **Paz** | Rauha |
| **Pensamentos** | Ajatuksia |
| **Perspectiva** | Näkökulma |
| **Postura** | Ryhti |
| **Silêncio** | Hiljaisuus |

## Mitologia
### Mytologia

| | |
|---|---|
| **Arquétipo** | Arketype |
| **Céu** | Taivas |
| **Ciúmes** | Kateus |
| **Crenças** | Uskomukset |
| **Criação** | Luominen |
| **Criatura** | Olento |
| **Cultura** | Kulttuuri |
| **Desastre** | Katastrofi |
| **Força** | Vahvuus |
| **Guerreiro** | Soturi |
| **Heroína** | Sankaritar |
| **Herói** | Sankari |
| **Labirinto** | Labyrintti |
| **Lenda** | Legenda |
| **Mágico** | Maaginen |
| **Monstro** | Hirviö |
| **Mortal** | Kuolevainen |
| **Relâmpago** | Salama |
| **Trovão** | Ukkonen |
| **Vingança** | Kosto |

## Moda
### Muoti

| | |
|---|---|
| **Acessível** | Edullinen |
| **Bordado** | Broderi |
| **Botões** | Painikkeet |
| **Boutique** | Boutique |
| **Caro** | Kallis |
| **Confortável** | Mukava |
| **Elegante** | Tyylikäs |
| **Estilo** | Tyyli |
| **Medidas** | Mitat |
| **Moderno** | Moderni |
| **Modesto** | Vaatimaton |
| **Original** | Alkuperäinen |
| **Prático** | Praktisk |
| **Renda** | Pitsi |
| **Roupa** | Vaate |
| **Tecido** | Kangas |
| **Tendência** | Suuntaus |
| **Textura** | Rakenne |

## Música
### Musiikki

| | |
|---|---|
| **Álbum** | Albumi |
| **Balada** | Balladi |
| **Cantar** | Laulaa |
| **Cantor** | Laulaja |
| **Clássico** | Klassinen |
| **Coro** | Kertosäe |
| **Gravação** | Äänite |
| **Harmonia** | Harmonia |
| **Improvisar** | Improvisoida |
| **Instrumento** | Väline |
| **Lírico** | Lyyrinen |
| **Melodia** | Melodia |
| **Microfone** | Mikrofoni |
| **Musical** | Musiikki |
| **Músico** | Muusikko |
| **Ópera** | Ooppera |
| **Poético** | Runollinen |
| **Ritmo** | Rytmi |
| **Tempo** | Tempo |
| **Vocal** | Laulu |

## Natureza
### Luonto

| | |
|---|---|
| **Abelhas** | Mehiläinen |
| **Abrigo** | Suoja |
| **Animais** | Eläimet |
| **Ártico** | Arktinen |
| **Beleza** | Kauneus |
| **Deserto** | Aavikko |
| **Dinâmico** | Dynaaminen |
| **Erosão** | Eroosio |
| **Floresta** | Metsä |
| **Folhagem** | Lehtien |
| **Geleira** | Jäätikkö |
| **Montanhas** | Vuoret |
| **Nevoeiro** | Sumu |
| **Nuvens** | Pilvi |
| **Rio** | Joki |
| **Santuário** | Pyhäkkö |
| **Selvagem** | Villi |
| **Sereno** | Rauhallinen |
| **Tropical** | Trooppinen |
| **Vital** | Tärkeä |

## Negócios
### Liiketoimintaa

| | |
|---|---|
| **Carreira** | Ura |
| **Custo** | Kustannus |
| **Desconto** | Alennus |
| **Dinheiro** | Raha |
| **Economia** | Talous |
| **Empregado** | Työntekijä |
| **Empregador** | Työnantaja |
| **Empresa** | Yhtiö |
| **Escritório** | Toimisto |
| **Fábrica** | Tehdas |
| **Finança** | Rahoitus |
| **Impostos** | Verot |
| **Investimento** | Sijoitus |
| **Loja** | Myymälä |
| **Lucro** | Voitto |
| **Mercadoria** | Tavara |
| **Moeda** | Valuutta |
| **Orçamento** | Budsjett |
| **Rendimento** | Tulo |
| **Venda** | Myynti |

## Nutrição
### Ravitsemus

| | |
|---|---|
| **Amargo** | Katkera |
| **Apetite** | Ruokahalu |
| **Calorias** | Kalori |
| **Carboidratos** | Karbohydrater |
| **Comestível** | Syötävä |
| **Dieta** | Ruokavalio |
| **Digestão** | Ruoansulatus |
| **Equilibrado** | Tasapainoinen |
| **Fermentação** | Käyminen |
| **Líquidos** | Nesteet |
| **Molho** | Kastike |
| **Nutriente** | Næringsstoff |
| **Peso** | Paino |
| **Proteínas** | Proteiini |
| **Qualidade** | Laatu |
| **Sabor** | Maku |
| **Saudável** | Terve |
| **Saúde** | Terveys |
| **Toxina** | Myrkky |
| **Vitamina** | Vitamiini |

## Números
### Numerot

| | |
|---|---|
| **Cinco** | Viisi |
| **Decimal** | Desimaali |
| **Dez** | Kymmenen |
| **Dezesseis** | Kuusitoista |
| **Dois** | Kaksi |
| **Doze** | Kaksitoista |
| **Matemática** | Matematiikka |
| **Nove** | Yhdeksän |
| **Oito** | Kahdeksan |
| **Quatorze** | Neljätoista |
| **Quatro** | Neljä |
| **Quinze** | Viisitoista |
| **Seis** | Kuusi |
| **Sete** | Seitsemän |
| **Treze** | Kolmetoista |
| **Três** | Kolme |
| **Um** | Yksi |
| **Vinte** | Kaksikymmentä |
| **Zero** | Nolla |

## Oceano
### Valtameri

| | |
|---|---|
| **Alga** | Levät |
| **Atum** | Tunfisk |
| **Baleia** | Valas |
| **Barco** | Vene |
| **Camarão** | Katkaravut |
| **Caranguejo** | Rapu |
| **Coral** | Koralli |
| **Enguia** | Ankerias |
| **Esponja** | Sieni |
| **Golfinho** | Delfiini |
| **Marés** | Tidevann |
| **Medusa** | Manet |
| **Ostra** | Osteri |
| **Peixe** | Kala |
| **Polvo** | Mustekala |
| **Recife** | Riutta |
| **Sal** | Suola |
| **Tartaruga** | Kilpikonna |
| **Tempestade** | Myrsky |
| **Tubarão** | Hai |

## Paisagens
### Maisemat

| | |
|---|---|
| **Cascata** | Vesiputous |
| **Caverna** | Luola |
| **Colina** | Mäki |
| **Deserto** | Aavikko |
| **Geleira** | Jäätikkö |
| **Golfo** | Kuilu |
| **Iceberg** | Jäävuori |
| **Ilha** | Saari |
| **Lago** | Järvi |
| **Mar** | Meri |
| **Montanha** | Vuori |
| **Oásis** | Keidas |
| **Oceano** | Valtameri |
| **Pântano** | Suo |
| **Península** | Niemimaa |
| **Praia** | Ranta |
| **Rio** | Joki |
| **Tundra** | Tundra |
| **Vale** | Laakso |
| **Vulcão** | Volcano |

## Países #1
### Maat #1

| | |
|---|---|
| **Alemanha** | Saksa |
| **Brasil** | Brasilia |
| **Camboja** | Kambodža |
| **Canadá** | Kanada |
| **Egito** | Egypti |
| **Equador** | Ecuador |
| **Espanha** | Espanja |
| **Finlândia** | Suomi |
| **Iraque** | Irak |
| **Israel** | Israel |
| **Itália** | Italia |
| **Índia** | Intia |
| **Mali** | Mali |
| **Marrocos** | Marokko |
| **Nicarágua** | Nicaragua |
| **Noruega** | Norja |
| **Panamá** | Panama |
| **Polônia** | Puola |
| **Senegal** | Senegal |
| **Venezuela** | Venezuela |

## Países #2
### Maat #2

| | |
|---|---|
| **Albânia** | Albania |
| **Dinamarca** | Tanska |
| **França** | Ranska |
| **Grécia** | Kreikka |
| **Haiti** | Haiti |
| **Indonésia** | Indonesia |
| **Irlanda** | Irlanti |
| **Jamaica** | Jamaika |
| **Japão** | Japani |
| **Laos** | Laos |
| **Líbano** | Libanon |
| **México** | Meksiko |
| **Nepal** | Nepal |
| **Nigéria** | Nigeria |
| **Paquistão** | Pakistan |
| **Rússia** | Venäjä |
| **Síria** | Syyria |
| **Somália** | Somalia |
| **Ucrânia** | Ukraina |
| **Uganda** | Uganda |

## Pássaros
### Linnut

| | |
|---|---|
| **Avestruz** | Strutsi |
| **Águia** | Kotka |
| **Canário** | Kanarifugl |
| **Cegonha** | Haikara |
| **Cisne** | Joutsen |
| **Corvo** | Varis |
| **Cuco** | Käki |
| **Flamingo** | Flamingo |
| **Frango** | Kana |
| **Gaivota** | Lokki |
| **Ganso** | Hanhi |
| **Ovo** | Muna |
| **Papagaio** | Papukaija |
| **Pardal** | Varpunen |
| **Pato** | Ankka |
| **Pavão** | Riikinkukko |
| **Pelicano** | Pelikaani |
| **Pinguim** | Pingviini |
| **Pombo** | Kyyhkynen |
| **Tucano** | Toukaanin |

## Pesca
### Kalastus

| | |
|---|---|
| **Água** | Vesi |
| **Barbatanas** | Evät |
| **Barco** | Vene |
| **Brânquias** | Gjellene |
| **Cesta** | Kori |
| **Cozinhar** | Kokki |
| **Equipamento** | Laitteet |
| **Exagero** | Overdrivelse |
| **Gancho** | Koukku |
| **Isca** | Syötti |
| **Lago** | Järvi |
| **Mandíbula** | Leuka |
| **Oceano** | Valtameri |
| **Paciência** | Tålmodighet |
| **Peso** | Paino |
| **Praia** | Ranta |
| **Rio** | Joki |
| **Temporada** | Kausi |

## Plantas
### Kasveja

| | |
|---|---|
| **Arbusto** | Puska |
| **Árvore** | Puu |
| **Baga** | Marja |
| **Bambu** | Bambu |
| **Botânica** | Kasvitiede |
| **Cacto** | Kaktus |
| **Erva** | Yrtti |
| **Feijão** | Papu |
| **Fertilizante** | Lannoite |
| **Flor** | Kukka |
| **Flora** | Kasvisto |
| **Floresta** | Metsä |
| **Folhagem** | Lehtien |
| **Grama** | Ruoho |
| **Hera** | Muratti |
| **Jardim** | Puutarha |
| **Musgo** | Sammal |
| **Pétala** | Terälehti |
| **Raiz** | Juuri |
| **Vegetação** | Kasvillisuus |

## Política
### Politiikka

| | |
|---|---|
| Ativista | Aktivisti |
| Campanha | Kampanja |
| Candidato | Ehdokas |
| Comitê | Komitea |
| Conselho | Neuvosto |
| Escolha | Valinta |
| Estratégia | Strategia |
| Ética | Etiikka |
| Governo | Hallitus |
| Igualdade | Tasa-Arvo |
| Impostos | Verot |
| Liberdade | Vapaus |
| Nacional | Kansallinen |
| Opinião | Lausunto |
| Política | Politiikka |
| Político | Poliitikko |
| Popularidade | Suosio |
| Vitória | Voitto |

## Profissões #1
### Ammatit nro 1

| | |
|---|---|
| Advogado | Asianajaja |
| Alfaiate | Räätälöidä |
| Artista | Taiteilija |
| Atleta | Urheilija |
| Banqueiro | Pankkiiri |
| Bombeiro | Palomies |
| Caçador | Metsästäjä |
| Cartógrafo | Kartografi |
| Cientista | Tiedemies |
| Dançarino | Tanssija |
| Editor | Redaktør |
| Encanador | Putkimies |
| Enfermeira | Hoitaja |
| Geólogo | Geologi |
| Joalheiro | Kultaseppä |
| Marinheiro | Merimies |
| Músico | Muusikko |
| Pianista | Pianisti |
| Psicólogo | Psykologi |
| Veterinário | Eläinlääkäri |

## Profissões #2
### Ammatit #2

| | |
|---|---|
| Agricultor | Viljelijä |
| Astronauta | Astronautti |
| Biólogo | Biologi |
| Cirurgião | Kirurgi |
| Dentista | Hammaslääkäri |
| Detetive | Etsivä |
| Editor | Kustantaja |
| Engenheiro | Insinööri |
| Filósofo | Filosofi |
| Fotógrafo | Valokuvaaja |
| Ilustrador | Kuvittaja |
| Inventor | Keksijä |
| Investigador | Tutkija |
| Jardineiro | Puutarhuri |
| Jornalista | Toimittaja |
| Médico | Lääkäri |
| Piloto | Pilotti |
| Pintor | Taidemaalari |
| Político | Poliitikko |
| Professor | Opettaja |

## Química
### Kemia

| | |
|---|---|
| Alcalino | Emäksinen |
| Ácido | Happo |
| Calor | Lämpö |
| Carbono | Hiili |
| Catalisador | Katalysator |
| Cloro | Kloori |
| Elementos | Elementit |
| Elétron | Elektroni |
| Enzima | Entsyymi |
| Gás | Kaasu |
| Hidrogênio | Vety |
| Íon | Ioni |
| Líquido | Neste |
| Molécula | Molekyyli |
| Nuclear | Ydin |
| Orgânico | Orgaaninen |
| Oxigénio | Happi |
| Peso | Paino |
| Sal | Suola |
| Temperatura | Lämpötila |

## Restaurante # 2
### Ravintola nro 2

| | |
|---|---|
| Almoço | Lounas |
| Aperitivo | Alkupala |
| Água | Vesi |
| Bebida | Juoma |
| Bolo | Kakku |
| Cadeira | Tuoli |
| Colher | Lusikka |
| Delicioso | Herkullinen |
| Especiarias | Mausteet |
| Fruta | Hedelmä |
| Garçom | Tarjoilija |
| Garfo | Haarukka |
| Gelo | Jään |
| Jantar | Illallinen |
| Legumes | Vihannes |
| Macarrão | Nuudelit |
| Peixe | Kala |
| Sal | Suola |
| Salada | Salaatti |
| Sopa | Suppe |

## Restaurante #1
### Ravintola nro 1

| | |
|---|---|
| Alergia | Allergia |
| Café | Kahvi |
| Carne | Liha |
| Comer | Syödä |
| Cozinha | Keittiö |
| Faca | Veitsi |
| Frango | Kana |
| Garçonete | Tarjoilija |
| Guardanapo | Lautasliina |
| Ingredientes | Aine |
| Menu | Valikko |
| Molho | Kastike |
| Pão | Leipä |
| Picante | Mausteinen |
| Placa | Levy |
| Reserva | Varaus |
| Sobremesa | Jälkiruoka |
| Tigela | Kulho |

## Roupas
### Vaatteensa

| | |
|---|---|
| **Avental** | Esiliina |
| **Blusa** | Pusero |
| **Calça** | Housut |
| **Camisa** | Paita |
| **Chapéu** | Hattu |
| **Cinto** | Vyö |
| **Colar** | Kaulakoru |
| **Jaqueta** | Takki |
| **Jeans** | Farkut |
| **Lenço** | Huivi |
| **Luvas** | Käsineet |
| **Meias** | Sukat |
| **Moda** | Muoti |
| **Pijama** | Pyjama |
| **Pulseira** | Armbånd |
| **Saia** | Hame |
| **Sandálias** | Sandaalit |
| **Sapato** | Kenkä |
| **Suéter** | Villapaita |
| **Vestido** | Mekko |

## Saúde e Bem-Estar #1
### Terveys ja Hyvinvointi #1

| | |
|---|---|
| **Altura** | Korkeus |
| **Ativo** | Aktiivinen |
| **Bactérias** | Bakteerit |
| **Clínica** | Klinikka |
| **Doutor** | Lääkäri |
| **Farmácia** | Apteekki |
| **Fome** | Nälkä |
| **Fratura** | Murtuma |
| **Hábito** | Tottumus |
| **Medicina** | Lääke |
| **Músculos** | Lihakset |
| **Nervos** | Hermot |
| **Ossos** | Luut |
| **Pele** | Iho |
| **Postura** | Ryhti |
| **Reflexo** | Refleksi |
| **Relaxamento** | Rentoutuminen |
| **Terapia** | Terapia |
| **Tratamento** | Hoito |
| **Vírus** | Virus |

## Saúde e Bem-Estar #2
### Terveys ja Hyvinvointi #2

| | |
|---|---|
| **Alergia** | Allergia |
| **Anatomia** | Anatomia |
| **Apetite** | Ruokahalu |
| **Caloria** | Kalori |
| **Corpo** | Keho |
| **Dieta** | Ruokavalio |
| **Digestão** | Ruoansulatus |
| **Doença** | Sairaus |
| **Energia** | Energia |
| **Genética** | Genetiikka |
| **Higiene** | Hygienia |
| **Hospital** | Sairaala |
| **Humor** | Mieliala |
| **Infecção** | Infektio |
| **Massagem** | Hieronta |
| **Peso** | Paino |
| **Recuperação** | Elpyminen |
| **Sangue** | Veri |
| **Saudável** | Terve |
| **Vitamina** | Vitamiini |

## Tecnologia
### Teknologia

| | |
|---|---|
| **Arquivo** | Tiedosto |
| **Blog** | Blogi |
| **Bytes** | Tavua |
| **Câmera** | Kamera |
| **Computador** | Tietokone |
| **Cursor** | Kursori |
| **Dados** | Tiedot |
| **Digital** | Digitaalinen |
| **Estatísticas** | Tilastot |
| **Fonte** | Fontti |
| **Internet** | Internet |
| **Mensagem** | Viesti |
| **Navegador** | Selain |
| **Pesquisa** | Tutkimus |
| **Segurança** | Turvallisuus |
| **Software** | Ohjelmisto |
| **Tela** | Näyttö |
| **Virtual** | Virtuaalinen |
| **Vírus** | Virus |

## Tempo
### Aika

| | |
|---|---|
| **Agora** | Nyt |
| **Ano** | Vuosi |
| **Antes** | Ennen |
| **Calendário** | Kalenteri |
| **Década** | Vuosikymmen |
| **Dia** | Päivä |
| **Futuro** | Tulevaisuus |
| **Hoje** | Tänään |
| **Hora** | Tunnin |
| **Manhã** | Aamu |
| **Meio-Dia** | Keskipäivä |
| **Mês** | Kuukausi |
| **Minuto** | Minuutti |
| **Momento** | Hetki |
| **Noite** | Yö |
| **Ontem** | Eilen |
| **Passado** | Viime |
| **Relógio** | Kello |
| **Semana** | Viikko |
| **Século** | Vuosisata |

## Tipos de Cabelo
### Hiusten Tyypit

| | |
|---|---|
| **Branco** | Valkoinen |
| **Brilhante** | Kiiltävä |
| **Cachos** | Kiharat |
| **Careca** | Kalju |
| **Cinza** | Harmaa |
| **Colori** | Värillinen |
| **Encaracolado** | Kihara |
| **Fino** | Ohut |
| **Grosso** | Paksu |
| **Loiro** | Vaalea |
| **Longo** | Pitkä |
| **Marrom** | Ruskea |
| **Ondulado** | Aaltoileva |
| **Prata** | Hopea |
| **Preto** | Musta |
| **Saudável** | Terve |
| **Seco** | Kuiva |
| **Suave** | Pehmeä |
| **Trançado** | Punottu |
| **Tranças** | Punos |

## Universo
Maailmankaikkeus

| | |
|---|---|
| **Asteróide** | Asteroidi |
| **Astronomia** | Tähtitiede |
| **Atmosfera** | Ilmainen |
| **Celestial** | Taivaallinen |
| **Céu** | Taivas |
| **Cósmico** | Kosminen |
| **Eon** | Eon |
| **Equador** | Päiväntasaaja |
| **Galáxia** | Galaksi |
| **Hemisfério** | Halvkule |
| **Horizonte** | Horisontti |
| **Inclinar** | Kallistaa |
| **Latitude** | Leveysaste |
| **Longitude** | Pituusaste |
| **Lua** | Kuu |
| **Solar** | Aurinko |
| **Solstício** | Päivänseisaus |
| **Telescópio** | Kaukoputki |
| **Visível** | Näkyvä |
| **Zodíaco** | Zodiakki |

## Vegetais
Vihannekset

| | |
|---|---|
| **Abóbora** | Kurpitsa |
| **Aipo** | Selleri |
| **Alcachofra** | Artisokka |
| **Alho** | Valkosipuli |
| **Batata** | Peruna |
| **Beringela** | Munakoiso |
| **Brócolis** | Parsakaali |
| **Cebola** | Sipuli |
| **Cenoura** | Porkkana |
| **Chalota** | Salottisipuli |
| **Cogumelo** | Sieni |
| **Ervilha** | Herne |
| **Espinafre** | Pinaatti |
| **Gengibre** | Inkivääri |
| **Nabo** | Nauris |
| **Pepino** | Kurkku |
| **Rabanete** | Retiisi |
| **Salada** | Salaatti |
| **Salsa** | Persilja |
| **Tomate** | Tomaatti |

## Veículos
Ajoneuvot

| | |
|---|---|
| **Ambulância** | Ambulanssi |
| **Avião** | Lentokone |
| **Balsa** | Lautta |
| **Barco** | Vene |
| **Bicicleta** | Polkupyörä |
| **Caminhão** | Kuka |
| **Carro** | Auto |
| **Foguete** | Raketti |
| **Furgão** | Varebil |
| **Helicóptero** | Helikopteri |
| **Lambreta** | Scooter |
| **Metrô** | Metro |
| **Motor** | Moottori |
| **Ônibus** | Bussi |
| **Pneus** | Renkaat |
| **Submarino** | Sukellusvene |
| **Táxi** | Taksi |
| **Transporte** | Sukkula |
| **Trator** | Traktori |

## Xadrez
Shakki

| | |
|---|---|
| **Aprender** | Oppia |
| **Branco** | Valkoinen |
| **Campeão** | Mestari |
| **Concurso** | Kilpailu |
| **Desafios** | Haasteet |
| **Diagonal** | Diagonaalinen |
| **Estratégia** | Strategia |
| **Jogador** | Pelaaja |
| **Jogo** | Peli |
| **Oponente** | Vastustaja |
| **Passivo** | Passiivinen |
| **Preto** | Musta |
| **Rainha** | Kuningatar |
| **Regras** | Säännöt |
| **Rei** | Kuningas |
| **Sacrifício** | Uhrata |
| **Tempo** | Aika |
| **Torneio** | Turnaus |

# Parabéns

## Conseguiu!

Esperamos que tenha gostado tanto deste livro como nós gostamos de o desenhar. Esforçamo-nos por criar livros da mais alta qualidade possível.
Esta edição foi concebida para proporcionar uma aprendizagem inteligente, de qualidade e divertida!

Gostou deste livro?

-------

## Um simples pedido

Estes livros existem graças às críticas que publica.
Pode ajudar-nos, deixando agora uma revisão?

Aqui está um pequeno link para
a sua página de revisão:

BestBooksActivity.com/Avaliacoes50

# DESAFIO FINAL!

## Desafio n° 1

Está pronto para o seu jogo grátis? Usamo-los a toda a hora, mas não são tão fáceis de encontrar - aqui estão os **Sinônimos!**
Escreva 5 palavras que encontrou nos puzzles (n° 21, n° 36, n° 76) e tente encontrar 2 sinónimos para cada palavra.

### Escreva 5 palavras de *Puzzle 21*

| Palavras | Sinônimo 1 | Sinônimo 2 |
|---|---|---|
| | | |
| | | |
| | | |
| | | |
| | | |

### Escreva 5 palavras de *Puzzle 36*

| Palavras | Sinônimo 1 | Sinônimo 2 |
|---|---|---|
| | | |
| | | |
| | | |
| | | |
| | | |

### Escreva 5 palavras de *Puzzle 76*

| Palavras | Sinônimo 1 | Sinônimo 2 |
|---|---|---|
| | | |
| | | |
| | | |
| | | |
| | | |

# Desafio n° 2

Agora que já aqueceu, escreva 5 palavras que encontrou nos Puzzles (n° 9, n° 17 e n° 25) e tente encontrar 2 antônimos para cada palavra. Quantos se podem encontrar em 20 minutos?

### Escreva 5 palavras de **Puzzle 9**

| Palavras | Antônimo 1 | Antônimo 2 |
|---|---|---|
|  |  |  |
|  |  |  |
|  |  |  |
|  |  |  |
|  |  |  |

### Escreva 5 palavras de **Puzzle 17**

| Palavras | Antônimo 1 | Antônimo 2 |
|---|---|---|
|  |  |  |
|  |  |  |
|  |  |  |
|  |  |  |
|  |  |  |

### Escreva 5 palavras de **Puzzle 25**

| Palavras | Antônimo 1 | Antônimo 2 |
|---|---|---|
|  |  |  |
|  |  |  |
|  |  |  |
|  |  |  |
|  |  |  |

# Desafio n° 3

Óptimo! Este desafio final não é nada para si.

Pronto para o desafio final? Escolha 10 palavras que tenha descoberto nos diferentes puzzles e escreva-as abaixo.

| | |
|---|---|
| 1. | 6. |
| 2. | 7. |
| 3. | 8. |
| 4. | 9. |
| 5. | 10. |

Agora escreva um texto a pensar numa pessoa, num animal ou num lugar de seu agrado.

*Pode utilizar a última página deste livro como um rascunho.*

## A Sua Composição:

_____

_____

_____

_____

_____

_____

_____

_____

_____

# CADERNO DE NOTAS:

# ATÉ BREVE!

*A equipa Inteira*

# DESCUBRA JOGOS GRATUITOS

## GO

↓

**BESTACTIVITYBOOKS.COM/FREEGAMES**